Le Bossu de Notre-Dame

Victor Hugo
Adapted for Intermediate Students
by Paulette Collet and Frank Milani

Glencoe

New York, New York   Columbus, Ohio   Chicago, Illinois   Peoria, Illinois   Woodland Hills, California

Glencoe

The McGraw·Hill Companies

Send all inquiries to:
Glencoe/McGraw-Hill
8787 Orion Place
Columbus, OH 43240

ISBN : 0-8442-7829-7
Printed in the United States of America
10 11 12 13 14 15 16 QVR 14 13

REMERCIEMENTS

llustrations

Illustrations by Bill Slavin for *The Hunchback of Notre Dame*,
Key Porter Books Ltd. 1997 — 11, 33, 45, 59

hotos

Canapress Photo Service (AP Photo) — 27
Corbis-Bettmann — 80
Louis Steinheil — 122
John Springer/Corbis-Bettmann — 2, 20, 32, 71
Paulette Collet — (Musée de Victor Hugo), 6, 98-9

TABLE DES MATIÈRES

CHAPITRE UN
L'ÉLECTION
DU
PAPE DES FOUS

pope of the fools

*Must be ugly to be pope

Nous sommes le 6 janvier 1482. Louis XI est roi de France. Paris est joyeux aujourd'hui. Les cloches sonnent car c'est l'Épiphanie, le jour des rois, mais surtout, c'est la Fête des Fous. Les Parisiens vont élire le pape des fous. Il y a des gens aux fenêtres, aux portes, sur les toits. Les rues sont pleines de monde. 5

La grande salle du Palais de Justice est aussi pleine de monde. En effet, c'est là qu'on va élire le pape des fous. Le pape ou la papesse : l'homme ou la femme au visage le plus laid. Avant l'élection, un mystère, une pièce religieuse, est présenté au public. L'auteur du mystère est Pierre Gringoire, qui a du talent, 10 mais pas d'argent. Si sa pièce a du succès, il sera payé, sinon …

Certains spectateurs ont passé la nuit dehors pour avoir une bonne place. Le public est bruyant. Des étudiants se moquent des bourgeois, des mendiants demandent la charité. « Le mystère! Le mystère! » crie la foule. Mais quand le spectacle commence, tout 15 le monde continue à parler. Les longs discours sérieux des acteurs n'intéressent pas le public. Les gens ont envie de s'amuser : n'est-ce pas le 6 janvier après tout? Quand on annonce l'élection du pape des fous, Gringoire devient le seul spectateur de sa pièce. Tous s'en vont là où on choisira le pape des fous. 20

Les candidats et les candidates passent la tête par un trou et font une grimace horrible. La personne la plus affreuse sera proclamée pape ou papesse. Devant chaque nouvelle tête, les

Parisiens hurlent de joie :

« Oh là là! Quelle horreur!

— Vois donc cette figure!

— Elle n'est pas assez laide.

— Une autre!

— Regarde celui-là! Ses oreilles ne passent pas. Elles sont trop grandes, comme des oreilles d'âne. »

Mais, tout à coup, on crie : « Eurêka! Voilà notre pape! »

Voilà bien la figure la plus laide qui existe, la grimace la plus affreuse : un nez en trapèze, une bouche en fer à cheval, un œil presque caché par un gros sourcil, l'autre œil fermé par une verrue, une dent sur la lèvre comme une défense d'éléphant. Pas de doute : voilà le pape des fous.

On acclame le visage grimaçant, mais ce n'est pas une grimace. La laideur du gagnant est naturelle. Et le corps est aussi affreux que le visage : le malheureux pape est bossu, difforme. On le questionne, mais il ne répond pas; il est sourd.

Jehan Frollo, frère du juge Claude Frollo, reconnaît le nouveau pape des fous : c'est Quasimodo, le sonneur de cloches de la cathédrale Notre-Dame.

« Quelle créature étrange! dit un spectateur. Il paraît, c'est un bossu. Il marche, c'est un bancal. Il vous regarde, c'est un borgne. Vous lui parlez, c'est un sourd.

— Il parle quand il veut, dit une vieille femme. Il est devenu sourd à sonner les cloches. Il n'est pas muet. »

On couronne Quasimodo d'une tiare en carton. On lui met dans les mains une crosse, symbole de sa puissance, et on le porte en triomphe sur un brancard dans les rues de Paris.

Le bossu semble, en même temps, heureux et amer.

L'élection du pape des fous

$\mathcal{E}$XERCICES

COMPRÉHENSION

A. Vrai ou faux?

1. Louis XVI est roi de France en 1482.

2. L'Épiphanie est le 6 janvier.

3. Pierre Gringoire n'a pas d'argent.

4. Quand la pièce commence, la foule est silencieuse.

5. Le public aime les longs discours sérieux.

6. Claude Frollo est le père de Jehan Frollo.

7. Quasimodo est né sourd.

8. On porte Quasimodo en triomphe sur un trône.

9. Le pape des fous est le sonneur de cloches de la cathédrale.

10. Quasimodo n'est pas muet.

B. Choisissez, dans la colonne de droite, le mot qui convient pour compléter la phrase.

1. Gringoire a écrit un ...	pièce
2. Quand la ... commence, le ... continue à parler.	tiare
	public
3. Les rues sont pleines de ...	mystère
4. L'élection intéresse le public plus que le ...	monde
5. La ... va choisir le pape ou la papesse.	candidats
6. Les ... font des grimaces.	triomphe
7. La crosse est le symbole de la ... du pape ou de la papesse.	foule
	puissance
8. On porte Quasimodo en ...	spectacle
9. Sur la tête, il porte une ... en carton.	

C. Trouvez, dans le texte, les mots qui correspondent aux définitions suivantes. Donnez le masculin et le féminin, s'il y a lieu.

1. une personne qui écrit

2. une personne qui joue dans une pièce

3. une personne qui habite à Paris

4. un homme qui sonne les cloches

5. une personne qui regarde un spectacle

6. une personne qui a une bosse

7. une personne qui demande la charité

8. une personne incapable de parler

9. une personne incapable d'entendre

10. une personne qui ne voit que d'un œil

COMMUNICATION

D. À vous la parole!

1. Paris est joyeux pour deux raisons ...

2. Quasimodo est élu pape des fous parce que ...

E. Activité de groupe

Au cinéma

Le film commence. Deux personnes continuent à parler. Leurs voisins se plaignent. Inventez la conversation et jouez la scène.

PROJET

Qu'est-ce qu'un mystère? Documentez-vous et expliquez à la classe ce qu'est un mystère.

CHAPITRE DEUX

GRINGOIRE FAIT LA CONNAISSANCE D'ESMERALDA ET DE DJALI

Le pauvre Pierre Gringoire est bien triste. Sa pièce n'a pas eu de succès. Ses poches sont vides. Que va-t-il manger? Désespéré, il pense à se jeter dans la Seine[1], mais en janvier, l'eau est vraiment trop froide. Puis, il a une idée. À la place de Grève, il y a un feu de joie. Généralement, la place de Grève n'est pas un endroit agréable : c'est là qu'on pend les criminels au gibet ou qu'on les expose au pilori, mais aujourd'hui, il y fait chaud.

Quand Pierre arrive à la place, un beau feu y brûle. Malheureusement, une foule considérable empêche le poète d'approcher. Pourtant, ce n'est pas le feu qui attire la foule, mais une danseuse de seize ans, la Esmeralda. Cette belle fille danse au son d'un tambourin qu'elle élève au-dessus de sa tête. On admire ses jambes fines, ses longs cheveux noirs, ses yeux de flamme. Elle semble une créature surnaturelle.

« C'est une salamandre! C'est une déesse! C'est une nymphe! » pense Gringoire qui oublie sa faim.

Parmi les spectateurs, il remarque un visage austère, sombre.

---

1. *la Seine* : le fleuve qui traverse Paris

Pierre

L'homme paraît avoir environ trente-cinq ans; pourtant, il est déjà chauve. Son front est ridé, mais ses yeux sont extraordinairement jeunes et pleins de pas-
5 sion. Il contemple la danseuse, un sourire douloureux sur les lèvres.

Fatiguée, Esmeralda cesse de danser. Elle appelle sa chèvre, Djali, et lui présente son tambourin.

10 « Djali, à quel mois de l'année sommes-nous? »

La chèvre lève une de ses pattes de devant et frappe un coup sur le tambourin. N'est-ce pas le mois de janvier?

15 « Djali, à quel jour du mois sommes-nous? »

La chèvre frappe six coups sur le tambourin. N'est-ce pas le 6 janvier?

« Djali, à quelle heure du jour
20 sommes-nous? »

La chèvre frappe sept fois sur le tambourin. En même temps, sept heures sonnent à l'horloge d'une maison voisine.

Les spectateurs sont émerveillés. Mais
25 une voix sinistre, la voix de l'homme chauve, déclare : « Il y a de la sorcellerie ici. »

Le public applaudit la chèvre savante. Il n'écoute pas l'homme. Esmeralda récolte les dons dans son tambourin. Elle arrive devant
30 Gringoire qui met, machinalement, la main dans sa poche. Il a oublié qu'elle est vide. La belle fille attend. Le pauvre Gringoire est au supplice[1]. Mais le voilà sauvé. La procession du pape des fous arrive à la
35 place de Grève.

Cette procession se compose surtout de mendiants, de voleurs, de

---

1. *Gringoire est au supplice* : Gringoire souffre

Esmeralda et Djali

fous. Mais pour Quasimodo, c'est un peuple — son peuple. Il est
heureux et _fier_, même si on se moque de lui.

Soudain, un homme sort de la foule. C'est l'homme chauve
qui a accusé Esmeralda de sorcellerie. Gringoire le reconnaît
maintenant : c'est Claude Frollo, le juge. Frollo s'élance sur
Quasimodo, arrache sa tiare et brise sa crosse en bois doré,
insigne de sa papauté. Quasimodo saute du brancard. Que va-
t-il faire? Va-t-il tuer le juge? Va-t-il lui briser les bras? Non,
Quasimodo se jette à genoux.

Un étrange dialogue commence alors entre les deux personnages, dialogue de signes car ils ne se parlent pas. Frollo est
debout, irrité, menaçant. Quasimodo est à genoux, humble, sup-
pliant. Et pourtant, s'il le veut, il peut écraser Frollo de sa main.

Le juge fait signe à Quasimodo de le suivre. Le bossu se lève
et marche docilement derrière Frollo. La procession, furieuse
de perdre son pape, veut attaquer le juge, mais le bossu le pro-
tège. Il gronde comme une bête féroce face à la foule, mais il suit
Claude Frollo comme un petit chien!

EXERCICES

COMPRÉHENSION

A. Les phrases suivantes ne respectent pas le texte. Faites les corrections nécessaires.

1. En janvier, l'eau de la Seine est chaude.
2. C'est le feu qui attire la foule.
3. On admire les longs cheveux blonds d'Esmeralda.
4. Devant Esmeralda, Gringoire oublie sa soif.
5. Pour dire l'heure, la chèvre frappe six coups sur le tambourin.
6. Gringoire met la main dans le tambourin.
7. La procession du pape des fous se compose de mendiants, de nobles, de voleurs.
8. L'homme chauve est Quasimodo.
9. La danseuse a trente-cinq ans.
10. Devant Claude Frollo, Quasimodo est debout, irrité.

B. Remplacez la négation par une affirmation. Respectez le sens du texte.

1. Gringoire n'est pas joyeux.
2. Ses poches ne sont pas pleines.
3. Aujourd'hui, il ne fait pas froid à la place de Grève.
4. Cet homme n'est pas vieux.
5. Ce n'est pas une créature naturelle.
6. Il ne se rappelle pas sa faim.
7. L'homme n'a pas de cheveux.
8. Il n'entend pas.

C. Complétez les phrases en respectant le texte.

1. Généralement, ... parce que c'est là qu'on pend les criminels.

2. ... parce que c'est le mois de janvier.

3. Esmeralda ... parce qu'elle est fatiguée.

4. Gringoire ... quand Esmeralda arrive devant lui.

5. Quasimodo suit Claude Frollo comme ...

COMMUNICATION

D. À vous la parole!

1. Claude Frollo a un sourire douloureux quand il contemple Esmeralda parce que ...

2. Claude Frollo arrache la tiare de Quasimodo parce que...

E. Activité de groupe

Imaginez un véritable dialogue entre Frollo et Quasimodo lorsque Frollo rencontre le pape des fous. Interprétez-le.

PROJET

La danse

Esmeralda danse probablement une danse folklorique. Quels autres genres de danses connaissez-vous? Lesquels vous plaisent et pourquoi?

CHAPITRE TROIS

DANS LA COUR DES MIRACLES

*Q*uasimodo suit Claude Frollo; Gringoire suit Esmeralda et la jolie petite Djali. Gringoire ne sait pas où il va coucher et il n'a rien d'autre à faire. Il admire de loin les deux créatures qui le précèdent : deux fines, délicates et charmantes
5 créatures aux petits pieds, aux belles manières.

Mais il est tard. Les fenêtres ne sont plus éclairées. Esmeralda s'est retournée plusieurs fois; elle sait qu'on la suit. Tout à coup, au tournant d'une rue, Gringoire entend un cri perçant. Il se précipite et voit sa belle bohémienne attaquée par
10 deux hommes. La petite chèvre baisse les cornes et bêle.

Gringoire s'avance bravement quand tout à coup un des hommes se tourne vers lui. C'est Quasimodo! Gringoire s'arrête, paralysé par la peur. Quasimodo le jette sur le pavé et emporte la jeune fille dans ses bras. Son compagnon le suit et la
15 petite chèvre court derrière eux.

« Au meurtre! au meurtre! » crie la malheureuse bohémienne.

« Halte-là, misérables! Lâchez cette fille », ordonne tout à coup une voix de tonnerre.

C'est un capitaine des archers du roi qui arrive, l'épée à la
20 main. Il arrache la bohémienne des bras de Quasimodo et l'emporte sur son cheval. Quinze ou seize archers saisissent le bossu qui rugit et écume. Son compagnon a disparu dans la lutte.

Esmeralda regarde son sauveur avec admiration. Elle est ravie de la bonne mine du capitaine[1].

---

1. *bonne mine* : beau visage

« Comment vous appelez-vous, monsieur le gendarme? demande-t-elle.

—Le capitaine Phoebus de Châteaupers, pour vous servir, ma belle », répond l'officier qui retrousse fièrement sa moustache.

« Merci », dit-elle. 5

Et elle disparaît.

Gringoire est resté sur le pavé. Peu à peu, il reprend ses sens. Il a terriblement froid. Rien d'étonnant! Il est couché dans le ruisseau.

« Ah ça! je gèle! » s'écrie-t-il. 10

Pour se réchauffer, il commence à marcher. Les rues deviennent de plus en plus étroites, de plus en plus boueuses, de plus en plus noires. Gringoire est incapable de s'orienter, mais il continue d'avancer.

Il arrive enfin dans une longue ruelle. Chose étrange : cette 15 ruelle n'est pas déserte. Des masses vagues et informes y rampent. Elles se dirigent toutes vers une lueur qui brille au bout de la ruelle. Gringoire rejoint une de ces masses — un misérable cul-de-jatte qui saute sur ses deux 20 mains.

« La charité, monsieur », dit-il d'une voix lamentable.

« Un peu d'argent pour acheter du pain », dit une autre voix. Celui qui 25 parle est à la fois boiteux et manchot.

Puis, c'est un aveugle qui demande la charité. blind

Gringoire, qui n'a rien dans les poches, continue son 30 chemin. Mais les mendiants le suivent. Il commence à courir : l'aveugle court, le boiteux court, le cul-de-jatte court. Des lépreux, des manchots, des borgnes sortent des 35 rues voisines et l'entourent.

Phoebus, sauveur d'Esmeralda

En vain, Gringoire veut fuir. Il est retenu par le cul-de-jatte et le boiteux, qui ont les meilleures jambes du monde, et par l'aveugle qui a des yeux flamboyants.

« Où suis-je? » demande Gringoire, terrifié.

« Dans la Cour des Miracles[1] », répond un quatrième éclopé.

Sur une vaste place brillent des feux. Autour des feux, sont assemblés des femmes, des hommes, des enfants. C'est la cité des voleurs, des meurtriers. C'est là que s'habillent et se dés-habillent les mendiants de Paris. C'est là qu'ils se transforment en lépreux, en boiteux, en culs-de-jatte.

Gringoire regarde autour de lui. Partout des tables avec des pots de bière, de vin. Partout de gros rires et des chansons obscènes. Ici, un lépreux prépare ses plaies pour le lendemain. Là, c'est un cul-de-jatte qui libère ses jambes. C'est bien la Cour des Miracles!

Tout à coup, un cri s'élève de la foule :

« Menons-le au roi! Menons-le au roi! »

Et on entraîne le malheureux Gringoire.

---

1. *la Cour des Miracles* : quartier de Paris où habitaient les criminels

EXERCICES

COMPRÉHENSION

A. Vrai ou faux?

1. Gringoire suit Djali.

2. Deux hommes attaquent Esmeralda.

3. Un des deux hommes est Gringoire.

4. Le sauveur d'Esmeralda est Quasimodo.

5. Gringoire marche parce qu'il a froid.

6. Il n'y a personne dans la longue ruelle.

7. Les mendiants demandent la charité.

8. L'aveugle n'est pas vraiment aveugle.

9. Dans la Cour des Miracles, les aveugles se transforment en borgnes.

10. Il y a des enfants dans la Cour des Miracles.

B. Trouvez, dans le texte, une expression équivalente à l'expression en italique.

1. On *marche derrière* Esmeralda.

2. Deux créatures *marchent devant lui*.

3. *Arrêtez*, misérables!

4. Le capitaine de Châteaupers a *un beau visage*.

5. *Quel est votre nom*?

6. Gringoire est couché dans *l'eau*.

7. *Il y a du monde dans la ruelle*.

8. L'aveugle *mendie*.

9. Gringoire *a les poches vides*.

10. Il *poursuit sa route*.

C. Complétez la phrase.

1. Une femme qui n'entend pas est …
2. Un homme qui boîte est un …
3. Une femme qui mendie est une …
4. Une femme qui a une bosse est …
5. Un homme qui a la lèpre est un …
6. Une femme qui ne voit pas est …
7. Un homme qui commet un meurtre est un …
8. Une femme qui vole est une …
9. Un homme qui n'a qu'un bras ou pas de bras est …
10. Un homme qui n'a pas de jambes est un …

COMMUNICATION

D. À vous la parole!

1. Gringoire suit Esmeralda pour deux raisons …
2. Deux hommes essaient d'enlever Esmeralda parce que …
3. Esmeralda disparaît rapidement parce que …

E. *Le suspense*

Gringoire est amené devant le roi. Imaginez ce qui se passe.

F. Activité de groupe

Un mendiant ou une mendiante dans la rue vous demande la charité. Contrairement à Gringoire, vous avez les poches pleines. Imaginez un dialogue entre vous et cette personne. Quelles questions lui posez-vous? Quelle est sa réponse? Jouez la scène.

CHAPITRE QUATRE
LE MARIAGE
DE GRINGOIRE

*U*n tonneau est près du feu, un mendiant sur le tonneau. C'est le roi sur son trône. C'est Clopin Trouillefou.

« Maître, balbutie Gringoire … Monseigneur … Sire … Comment dois-je vous appeler?

— Monseigneur, sa majesté, ou camarade, appelle-moi   5
comme tu veux, mais dépêche-toi. Qu'as-tu à dire pour ta défense? Je suis ton juge. Tu es entré dans mon royaume. Tu dois être puni si tu n'es pas voleur, mendiant ou vagabond.

— Hélas! Je n'ai pas cet honneur. Je suis auteur.

— Cela suffit. Tu seras pendu.   10

— Un moment! Écoutez-moi … Je suis poète et les poètes sont souvent des truands.

— Pourquoi fais-tu tant de façons? Tu ne veux pas être pendu? Écoute : je vais te proposer quelque chose. Veux-tu faire partie de mon royaume? »   15

Le malheureux Gringoire sent l'espoir renaître en son cœur.

« Je le veux, répond-il avec enthousiasme.

— Tu te reconnais membre du royaume d'argot[1]?

— Du royaume d'argot.

— Truand?   20

— Truand.

— Dans l'âme?

— Dans l'âme.

---

1. *royaume d'argot* : là où on parle une langue spéciale, la langue des malfaiteurs

— Bien! Mais pour être reçu dans mon royaume, tu dois fouiller le mannequin. »

Clopin fait un signe. Deux argotiers apportent une sorte de potence portative où se balance une corde. Ils y suspendent un mannequin entièrement couvert de grelots et de clochettes. On place un vieil escabeau boiteux sous le mannequin.

« Monte là-dessus, dit Clopin à Gringoire.

— Mais je vais me casser le cou sur cet escabeau boiteux.

— Monte! Maintenant, tourne ton pied droit autour de ta jambe gauche et monte sur la pointe du pied gauche.

— Monseigneur, voulez-vous que je me casse un membre?

— Écoute, l'ami, tu parles trop. Tu vas te mettre sur la pointe du pied et tu vas fouiller dans la poche du mannequin. Tu en sortiras une bourse. Si nous n'entendons aucun son, tu seras battu pendant huit jours.

— Merci. Je n'ai pas envie d'être battu. Et si je fais chanter les sonnettes?

— Alors, tu seras pendu. Allons, fouille le mannequin. »

Le pauvre Gringoire n'a pas le choix. Il se dresse sur son pied gauche et fait silencieusement une prière.

« Oh! sonnettes, ne sonnez pas! Clochettes, ne clochez[1] pas! Grelots, ne grelottez pas! »

Courageusement, Gringoire tend la main vers le mannequin. Hélas! il perd l'équilibre. Le voilà par terre, assourdi par le bruit des sonnettes et les gros rires des truands.

« Pendez-le, ordonne Trouillefou. Mais un instant! Il te reste une dernière ressource. Si une truande veut t'épouser, tu es sauvé. »

Gringoire respire. Après tout, il n'est pas mal. Il peut plaire à une jolie truande.

Hélas! il entend les truandes crier :

« Pendez-le! Il y aura du plaisir pour toutes. »

Trois femmes sortent pourtant de la foule. La première est une fille à face carrée.

« Voyons ta bourse!

— Elle est vide.

---

1. Une clochette sonne, elle ne « cloche » pas. Malgré sa peur, Gringoire, poète, joue sur les mots.

— Laisse-toi pendre et dis merci! »

La seconde femme est une vieille ridée, hideuse même pour la Cour des Miracles. Elle examine Gringoire et dit entre ses dents :

« Il est trop maigre. »

Gringoire est presque soulagé.

La troisième est une jeune fille assez jolie. Elle considère Gringoire avec pitié et reste indécise. Le malheureux lui dit à voix basse :

« Sauvez-moi! »

Elle continue à hésiter, puis déclare enfin :

« Non, j'ai trop peur de Guillaume Longuejoue. Il va me battre. »

On se prépare donc à pendre Gringoire. Il va prendre la place du mannequin. On lui met la corde au cou quand, tout à coup, paraît Esmeralda accompagnée de sa jolie Djali.

« Vous allez pendre cet homme? » demande-t-elle.

« Oui, répond le roi, si tu ne le prends pas pour mari.

— Je le prends », dit-elle, sans hésiter.

Gringoire croit rêver. On détache la corde. On lui donne une cruche d'argile.

« Jetez-la à terre », dit Esmeralda.

La cruche se brise en quatre morceaux.

« Frère, elle est ta femme, dit le roi. Sœur, il est ton mari. Pour quatre ans. Allez. »

La cruche brisée

$\mathcal{E}$XERCICES

COMPRÉHENSION

A. Complétez les phrases à l'aide des mots donnés.

1. Le trône de Clopin est un …   grelots
2. Gringoire est …   épouser
3. Le mannequin est couvert de …   mari
4. Gringoire doit monter sur un …   prière
5. Gringoire doit … dans la poche du mannequin.   tonneau
6. Il y a une … dans la poche du mannequin.   escabeau
7. Gringoire fait une …   bourse
8. Si une truande veut … Gringoire, il est sauvé.   maigre
9. La vieille femme trouve Gringoire trop …   fouiller
10. Esmeralda prend Gringoire pour …   poète

B. Trouvez, dans le texte, des mots dérivés des suivants.

1. son	3. cloche
2. grelot	4. roi

Utilisez deux de ces mots dans une phrase qui en illustre le sens.

C. Trouvez, dans le texte, le contraire des expressions en italique.

the opposite

1. Un tonneau est *loin* du feu.   loin ≠ près
2. Cela *n'est pas assez.*
3. Les poètes sont *rarement* des truands.
4. On place un *nouvel* escabeau sous le mannequin.
5. Il *descend* sur la pointe du pied.
6. Je *désire* être battu.

7. *Je me rappelle.*

8. Sa bourse est *pleine*.

9. La vieille femme est *belle*.

10. Il est trop *gros*.

COMMUNICATION

D. À vous la parole!

1. À votre avis, pourquoi Esmeralda prend-elle Gringoire pour mari?

2. Quels sont, selon vous, les sentiments de Gringoire quand :

   a) il voit paraître Esmeralda?

   b) elle dit qu'elle veut être sa femme?

E. Activité de groupe

La classe jouera « Le mariage de Gringoire ».

PROJET

Gringoire ne sait quel titre il doit donner à Clopin. À qui donne-t-on les titres suivants? Servez-vous du dictionnaire s'il le faut.

1. madame
2. maître
3. mademoiselle
4. docteur
5. Sire

6. monseigneur
7. messieurs
8. monsieur le ministre
9. Excellence
10. madame la colonnelle

CHAPITRE CINQ
UNE ÉTRANGE
NUIT DE NOCES

*Q*uelques minutes plus tard, Gringoire se trouve dans une chambre avec la belle Esmeralda, sa femme. Il s'approche d'elle pour l'embrasser, mais tout à coup, elle a dans la main un petit poignard. D'où vient le poignard? Gringoire n'en sait rien. Et Djali se place devant Esmeralda pour menacer Gringoire de ses cornes.

Esmeralda et Gringoire

« Oh là là! Pardon, mademoiselle! s'écrie Gringoire. Pourquoi m'avez-vous pris pour mari?

— Je voulais te sauver. »

Gringoire est déçu, mais surtout il a faim.

« Je jure de ne pas m'approcher de vous sans votre permission, dit-il, mais donnez-moi à manger. »

Bientôt il y a sur la table un pain, du lard, des pommes. Gringoire dévore tout. Esmeralda ne le regarde pas; elle rêve ...

« Mademoiselle », dit Gringoire rassasié.

Elle ne répond pas.

« Mademoiselle », répète Gringoire plus fort.

Elle le regarde enfin.

« Vous ne voulez pas de moi pour votre mari? »

Elle le regarde fixement et répond :

« Non.

— Voulez-vous de moi comme votre ami?

— Peut-être.

— Savez-vous ce que signifie l'amitié?

— Oui. C'est être frère et sœur, les deux doigts de la main.

— Et l'amour?

— Oh! l'amour, dit-elle, et sa voix tremble. C'est être deux et n'être qu'un. C'est le ciel.

— Et comment faut-il être pour vous plaire?

— Il faut être homme.

— Ne suis-je pas un homme?

— Un homme a le casque en tête, l'épée au poing.

— Aimez-vous quelqu'un?

— Je ne sais pas encore.

— Alors, pourquoi pas moi?

— J'aimerai un homme qui pourra me protéger. »

Gringoire a compris. Esmeralda n'est pas pour lui.

« Que veut dire votre nom, Esmeralda? demande-t-il.

— Je ne sais pas, dit-elle. C'est de l'égyptien, je crois.

— Vous n'êtes pas de France?

— Je n'en sais rien.

— Avez-vous des parents?

— Je ne les connais pas.

— Quand êtes-vous venue en France?

— Toute petite.

— Et à Paris?

— L'an dernier. Et toi, quel est ton nom?

— Pierre Gringoire.

— J'en connais un plus beau.

— Méchante, dit le poète. Moi non plus, je n'ai pas de parents. À six ans, j'étais orphelin; j'ai grandi comme j'ai pu. Un jour, j'ai rencontré le juge Frollo. Il m'a appris à lire, il m'a enseigné le latin. Maintenant, j'écris; bientôt, je serai riche. Enfin, mademoiselle, je suis à vos ordres. Je suis prêt à vivre avec vous : mari et femme, si vous le voulez; frère et sœur, si vous le préférez. »

La jeune fille ne répond pas.

« Phoebus, murmure-t-elle, Phoebus, qu'est-ce que ça veut dire? »

Gringoire, fier de son érudition, proclame :

« C'est un mot latin qui signifie soleil.

— Soleil, répète Esmeralda.

— C'est le nom d'un très bel archer qui était dieu.

— Dieu », répète la jeune fille rêveuse.

À ce moment-là, un de ses bracelets se détache et tombe. Gringoire se baisse pour le ramasser. Quand il se relève, Esmeralda et la chèvre ont disparu.

EXERCICES

COMPRÉHENSION

A. Le texte suivant comporte quatre erreurs. Corrigez-les.

Gringoire et Esmeralda sont ensemble dans une chambre. Mais quand il veut embrasser la jeune fille, elle sort une petite épée. Gringoire a faim, alors Esmeralda lui sert du pain, du lard, des pêches. Quand il est rassasié, il questionne Esmeralda. Il lui demande d'où elle vient. Elle ne sait pas, mais elle est venue à Paris toute petite. Gringoire raconte aussi son enfance. Il n'a plus de parents. À dix ans, il était orphelin, mais il a appris à lire et à écrire. Maintenant, il est poète.

B. Nous avons déjà fait la connaissance de nombreux personnages. Ils ont généralement une profession, un métier. À quels personnages correspondent les professions ou les métiers suivants?

1. roi
2. écrivain
3. danseuse
4. juge
5. sonneur
6. officier
7. poète

C. Complétez les phrases à l'aide des mots donnés.

1. Gringoire est le ... d'Esmeralda.
2. Esmeralda est la ... de Gringoire.
3. Gringoire a ...
4. Pour plaire à Esmeralda, il faut être ...
5. Esmeralda croit que son nom est de l' ...
6. Pierre est prêt à vivre avec Esmeralda comme un ... avec sa ...

faim
frère
mari
sœur
bracelet
femme
courageux

7. Gringoire a appris le ...   latin

8. Phoebus signifie ...   égyptien

9. Gringoire ramasse le ... d'Esmeralda.   soleil

COMMUNICATION

D. À vous la parole!

Dans ce chapitre, le caractère des deux personnages se revèle. À votre avis, quelle sorte de personnes sont Esmeralda et Gringoire? Trouvez au moins trois caractéristiques de chacun.

E. Activité de groupe

Trois élèves (n'oublions pas Djali!) interpréteront la scène. Un(e) quatrième se chargera de la mise en scène. Le reste de la classe commentera l'interprétation.

PROJET

Avez-vous pensé à votre avenir? Quelle sorte de profession aimeriez-vous exercer? Pourquoi? Quels avantages et désavantages présente-t-elle?

CHAPITRE SIX

CLAUDE FROLLO
ET
QUASIMODO

*A*utrefois, il y avait sur le parvis de la cathédrale Notre-Dame un lit de bois. C'est là qu'on exposait les enfants trouvés. Les personnes qui les voulaient pouvaient les prendre.

Seize ans avant le commencement de cette histoire, un sac a été déposé sur le lit. Le sac contient un enfant d'environ quatre 5
ans, un petit être difforme. Du sac sort une tête où on voit un seul œil, une bouche, des dents. L'œil pleure, la bouche crie, les dents essaient de mordre.

Un groupe est assemblé près du lit.

« C'est un monstre », dit une femme. 10

« Il est sorti de l'enfer », déclare une autre.

Un monsieur grave s'approche.

« Il faut brûler cette créature », dit-il.

Tout à coup un homme sort du groupe. C'est le jeune Claude Frollo. Il prend le sac dans ses bras. 15

« J'adopte cet enfant », déclare-t-il.

Quelle sorte d'homme est donc Claude Frollo? Il a toujours été sérieux. Petit, il étudiait ardemment et apprenait vite. Il était le meilleur élève de sa classe; il connaissait le latin, l'hébreu, le grec. Il n'avait qu'un but dans la vie : savoir. 20

Un jour, ses parents meurent de la peste et laissent un bébé. À dix-neuf ans, Claude doit s'occuper de son petit frère. Jusqu'à présent, il n'a aimé que les livres, mais il comprend soudain que la vie sans affection n'est pas complète. Il s'attache avec passion à son petit frère, Jehan. S'il continue à étudier avec ardeur, c'est pour Jehan. Bientôt, ses efforts sont récompensés : il devient juge.

Quand il voit la petite créature abandonnée, il pense à son frère. Si Claude meurt, Jehan sera, lui aussi, abandonné. Le cœur plein de pitié, le juge Frollo se charge du petit monstre. Il le nomme Quasimodo pour marquer le jour où il a été trouvé[1]. Mais le mot signifie aussi « à peu près », « approximativement ». Et borgne, bossu, boiteux, Quasimodo n'est qu'à peu près, qu'approximativement formé.

Avec beaucoup de patience, Claude Frollo a appris à parler, à lire et à écrire à Quasimodo. Mais Quasimodo n'a jamais beaucoup parlé. Maintenant qu'il est sourd, il parle encore moins. Les deux hommes communiquent par un mystérieux langage de signes.

Grâce à l'influence du juge, Quasimodo est maintenant sonneur de cloches à Notre-Dame. Ce monument est devenu sa maison. Il connaît la cathédrale de fond en comble[2]. Il aime les coins sombres où il cache sa laideur. Les horribles gargouilles ne l'effraient pas : ne lui ressemblent-elles pas? Il rampe sur les tours comme un lézard. C'est là surtout qu'il est heureux car les tours contiennent les cloches. Et les cloches sont ses amies. Elles l'ont rendu sourd, il est vrai. Eh bien! tant mieux car il n'entend plus les insultes. Toutefois, il continue à entendre le son des cloches.

Sa préférée est la plus grosse, la plus bruyante. Elle s'appelle Marie. Quand Marie sonne à toute volée[3], il est comme fou. Il crie de joie, s'accroche à elle et se balance sans peur avec Paris à ses pieds.

Mais il y a quelqu'un que Quasimodo aime encore plus que Marie; c'est Claude Frollo. Il est attaché au juge comme un chien à son maître.

Le bossu est, d'ailleurs, le seul ami de Claude Frollo. Celui-ci aime toujours profondément son frère, mais Jehan le déçoit. Le jeune homme préfère le cabaret à l'étude, les mauvais compagnons à Claude.

---

1. la Quasimodo est huit jours après Pâques
2. *de fond en comble* : de bas en haut
3. *à toute volée* : avec beaucoup de force

Les Parisiens n'aiment ni Claude ni Quasimodo. Claude est sévère et distant; Quasimodo est laid et méchant. Méchant parce qu'il souffre. Quand on voit ensemble le maître et le serviteur, on les insulte. Mais ils n'entendent rien : le serviteur parce qu'il est sourd, le maître parce qu'il rêve.

Depuis quelques semaines, Claude néglige ses livres. L'image d'une jeune fille le poursuit. Depuis qu'il a vu danser Esmeralda, Claude Frollo est passionnément, follement amoureux. Le juge de trente-cinq ans aime une bohémienne de seize ans. Amour sans espoir! Un juge n'épouse pas une bohémienne. D'ailleurs, pour Esmeralda, n'est-il pas un vieillard?

Quasimodo dans sa cathédrale

EXERCICES

COMPRÉHENSION

A. Vrai ou faux?

    1. Un homme voulait brûler Quasimodo.

    2. Claude Frollo a sauvé la vie à Quasimodo.

    3. Claude Frollo était un bon étudiant.

    4. Les parents de Claude sont morts quand il était bébé.

    5. Claude n'aimait pas beaucoup son petit frère.

    6. Quasimodo signifie « à peu près ».

    7. Les gargouilles effraient Quasimodo.

    8. Il est très attaché à ses cloches.

    9. Jehan aime beaucoup étudier.

    10. Claude néglige ses livres parce qu'il est amoureux.

B. Victor Hugo utilise beaucoup de comparaisons où il est question d'animaux, par exemple : « Quasimodo rampe comme un lézard; il suit Claude Frollo comme un petit chien. » Choisissez, dans la colonne de droite, le nom d'animal qui convient à l'adjectif ou au verbe de la colonne de gauche. Utilisez le dictionnaire si c'est nécessaire.

1. fort comme …	une vache
2. doux comme …	un lion
3. malin comme …	chien et chat
4. sale comme …	un tigre
5. léger comme …	un agneau
6. vaniteux comme …	un perroquet
7. jaloux comme …	un singe
8. écrire comme …	un chien

9. traiter quelqu'un comme …   un cochon

10. répéter comme …   un chat

11. pleurer comme …   un oiseau

12. s'entendre comme …   un paon

C. Remplacez l'expression en italique par une expression équivalente tirée du texte.

1. Dans le sac, il y a un enfant d'*à peu près* quatre ans.

2. *Soudain*, un homme sort du groupe.

3. Il a toujours été *sage*.

4. Claude doit *prendre soin* de son frère.

5. Il étudie *ardemment*.

6. Il *l'appelle* Quasimodo.

7. Maintenant, Quasimodo *n'entend plus*.

8. Quasimodo est sonneur *à cause de* l'influence du juge.

9. Il n'entend plus les insultes; *c'est une bonne chose*.

10. Il *aime le* juge.

COMMUNICATION

D. À vous la parole!

Claude Frollo est un homme vertueux qui possède des qualités exceptionnelles. Il a été un père pour Jehan et pour Quasimodo. Quel est votre avis?

E. Activité de groupe

Un débat

Claude Frollo a appris le latin, l'hébreu, le grec. À votre avis, est-ce qu'on a tort de ne plus enseigner le latin dans les écoles? Le pour et le contre.

CHAPITRE SEPT
LA SENTENCE
DE QUASIMODO

Quasimodo est maintenant entre les mains de la justice. Le lendemain du mariage de Gringoire, le bossu est amené au tribunal du Châtelet pour être jugé. Ce jour-là, le juge est Florian Barbedienne. Il n'est que huit heures du matin, mais déjà une dizaine de spectateurs et de spectatrices sont venus assister au procès. Florian Barbedienne est très savant, mais il a un défaut capital pour un juge : il est sourd.

Quasimodo est gardé par une véritable armée de sergents. Pourtant, l'accusé est silencieux, tranquille. Seul son œil unique est plein de colère. Les spectateurs le montrent du doigt et l'insultent.

Le juge Barbedienne a bien étudié l'affaire. Il pose les questions habituelles et croit recevoir les réponses habituelles. Un greffier note les questions et les réponses. Mais il y a un petit problème que Barbedienne n'a pas prévu : l'accusé est aussi sourd que le juge.

« Votre nom? »

Quasimodo regarde fixement le juge et ne répond pas. Le juge croit que l'accusé a répondu et continue mécaniquement.

« C'est bien. Votre âge? »

Quasimodo ne répond pas. Le juge continue.

« Maintenant, votre métier? »

Toujours le même silence. L'auditoire commence à chuchoter. Le juge pense que Quasimodo a terminé sa troisième réponse.

« Vous êtes accusé : primo, de trouble nocturne; secundo, d'avoir attaqué une femme folle.

« Greffier, avez-vous écrit toutes les réponses de l'accusé jusqu'ici? »

À cette question, l'auditoire éclate de rire. Le rire est si fort, si violent que les deux sourds l'entendent. Maître Barbedienne croit que ce rire a été provoqué par une remarque impertinente de l'accusé. Furieux, il déclare :

« Vous avez fait là une réponse qui mérite la pendaison ».

Le rire devient de plus en plus fou, Barbedienne de plus en plus furieux.

« Ah! tu te moques de moi. Messieurs les sergents, vous amènerez ce drôle au pilori de la place de Grève. Vous le tournerez et le battrez une heure. »

Le greffier est un homme sensible. Il a pitié de Quasimodo. Il s'approche de l'oreille de Barbedienne et lui dit : « Cet homme est sourd. » Il pense qu'un sourd aidera un autre sourd. Hélas! Barbedienne n'a pas compris la remarque du greffier.

« Ah! dans ce cas, c'est différent, déclare-t-il. Ajoutez une heure de pilori. »

On emmène le pauvre Quasimodo à la place de Grève, là où la veille, il a été escorté par la foule, acclamé comme pape des fous. Aujourd'hui, cette même foule est là pour le voir monter au pilori.

Une roue est posée horizontalement sur un bloc de ciment d'une dizaine de pieds de haut. Quasimodo est placé sur cette roue, les bras liés derrière le dos. Il est évident qu'il ne comprend pas ce qui se passe. Quand on lui enlève sa chemise, il ne bouge pas, mais de temps en temps, il souffle comme un veau.

Lorsque la foule voit nues la bosse de Quasimodo et sa poitrine de chameau, elle rit. Cependant, un personnage sinistre a posé un sablier sur un angle du pilori. C'est le tourmenteur du Châtelet, Pierrat Torture. Dans sa main droite, il tient un fouet. Les lanières de ce fouet se terminent par une pointe de fer. Pierrat Torture frappe du pied et la roue tourne. Quand le dos de Quasimodo se présente à Pierrat, il frappe de toutes ses forces.

Quasimodo commence à comprendre. La surprise, la douleur décomposent sa face. La roue tourne, les coups pleuvent, le sang coule. Le bossu essaie de briser ses chaînes, mais ses efforts sont inutiles. Alors, il se résigne : il ne bouge plus.

Enfin, un officier à cheval lève une baguette. L'heure est passée. Le tourmenteur s'arrête. La roue s'arrête. L'œil de

La flagellation de Quasimodo

Quasimodo se rouvre lentement.

La flagellation est finie. On met un onguent sur les plaies du bossu. Mais sa souffrance n'est pas finie. Il a encore une heure de pilori! Maintenant, les insultes pleuvent. Parfois un projectile le frappe au visage.

Soudain, ce malheureux visage sourit. Quasimodo a aperçu une mule et sur cette mule, son maître et ami, Claude Frollo. Hélas, comme il arrive près du pilori, le juge, honteux sans doute, baisse les yeux et s'enfuit.

Le sourire de Quasimodo disparaît. Son visage est encore plus triste, plus amer.

Tout à coup, il s'agite dans ses chaînes.

« À boire! » crie-t-il.

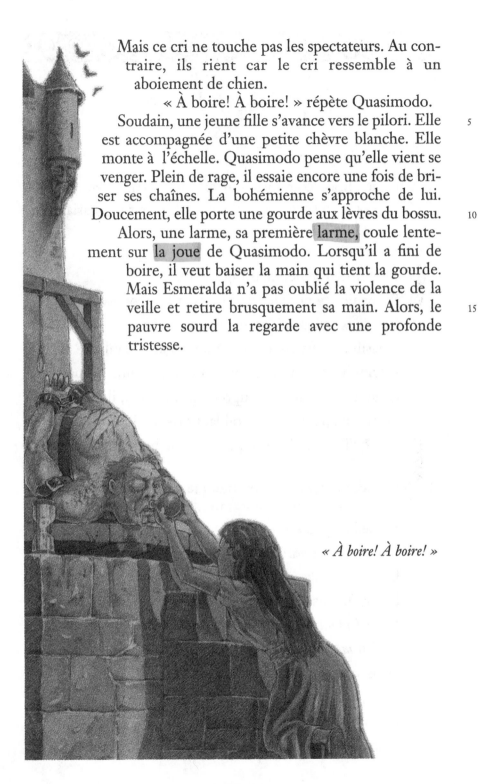

Mais ce cri ne touche pas les spectateurs. Au contraire, ils rient car le cri ressemble à un
aboiement de chien.

« À boire! À boire! » répète Quasimodo.

Soudain, une jeune fille s'avance vers le pilori. Elle ⁵
est accompagnée d'une petite chèvre blanche. Elle
monte à l'échelle. Quasimodo pense qu'elle vient se
venger. Plein de rage, il essaie encore une fois de briser ses chaînes. La bohémienne s'approche de lui.
Doucement, elle porte une gourde aux lèvres du bossu. ¹⁰

Alors, une larme, sa première larme, coule lentement sur la joue de Quasimodo. Lorsqu'il a fini de
boire, il veut baiser la main qui tient la gourde.
Mais Esmeralda n'a pas oublié la violence de la
veille et retire brusquement sa main. Alors, le ¹⁵
pauvre sourd la regarde avec une profonde
tristesse.

« À boire! À boire! »

EXERCICES

COMPRÉHENSION

A. Chaque phrase comporte une erreur. Corrigez-la.

1. Quasimodo est amené au tribunal le jour du mariage de Gringoire.

2. Il est huit heures du soir.

3. Florian Barbedienne est ignorant.

4. Barbedienne note les questions et les réponses.

5. Les deux sourds n'entendent pas le rire.

6. Quasimodo est condamné à une heure de pilori.

7. Pierrat Torture frappe Quasimodo avec une baguette.

8. Quand Quasimodo comprend la situation, il crie.

9. Quand il aperçoit Esmeralda, Quasimodo sourit.

10. Lorsqu'il a fini de boire, il essaie de briser ses chaînes.

B. Remplacez l'expression en italique par une expression tirée du texte et signifiant le contraire.

Find the opposite

1. Barbedienne a *une qualité*.

2. L'accusé *parle beaucoup*.

3. Le juge *s'arrête*.

4. Le greffier est un homme *indifférent*.

5. *Le lendemain*, il a été escorté par la foule.

6. On lui *met* sa chemise.

7. Dans sa main *gauche*, il tient un fouet.

8. Alors, il *se révolte*.

9. La jeune fille *s'éloigne* du pilori.

10. Sa *dernière* larme coule sur sa joue.

C. Complétez les phrases à l'aide des mots donnés.

Nues, aperçu, acclamé, placé, posée, escorté, liées, accompagnée, oublié

La veille, Quasimodo a été ... comme pape des fous et ... par la foule. Aujourd'hui, il a les mains ... derrière le dos. Une roue est ... sur un bloc de ciment. Quasimodo est ... sur la roue. Sa bosse et sa poitrine sont ... Tout à coup, Quasimodo a ... son maître. Mais le maître ne s'est pas arrêté. Puis, Esmeralda est arrivée, ... de sa chèvre. Pourtant, elle n'a pas ... la violence de la veille.

COMMUNICATION

D. À vous la parole!

1. Claude Frollo ne s'arrête pas auprès du pilori parce que ...
2. Esmeralda donne à boire à Quasimodo parce que ...

E. Activité de groupe

Un jugement

Une personne est accusée d'un crime et est jugée. Un groupe écrira et interprétera le texte devant la classe (le jury) qui déterminera si l'accusé(e) est innocent(e) ou coupable. Personnages : le juge, l'accusé(e), l'avocat(e) de la Couronne, l'avocat(e) de la défense, le greffier ou la greffière, le jury.

PROJET

1. Les noms choisis par Hugo pour ses personnages sont souvent significatifs. Quelle sorte de personne est évoquée par chacun des noms suivants? Justifiez vos réponses.

   1. Florian Barbedienne   4. Quasimodo
   2. Pierrat Torture   5. Phoebus du Châteaupers
   3. Claude Frollo

2. Quel nom choisiriez-vous pour les personnes suivantes? Justifiez vos réponses.

   1. un cuisinier   4. un médecin
   2. une chanteuse d'opéra   5. un avare
   3. une avocate   6. une femme vaniteuse

CHAPITRE HUIT
ESMERALDA RETROUVE PHOEBUS

*P*lusieurs semaines ont passé. Nous sommes en mars. Le capitaine Phoebus de Châteaupers est en visite chez sa fiancée, la belle Fleur-de-Lys. Il est entouré de jeunes filles; cependant, leur conversation ne l'amuse pas. Il a été autrefois très amoureux de

5 Fleur-de-Lys, mais il a changé. Maintenant, il la trouve sotte et elle l'ennuie. Le capitaine Phoebus n'est pas un homme fidèle.

Bérangère, une fillette de sept ans, la filleule de Fleur-de-Lys, s'écrie tout à coup :

« Oh! voyez, marraine, la jolie danseuse là-bas. »

10 Tout le monde se précipite à la fenêtre.

« Cher Phoebus, dit Fleur-de-Lys, vous nous avez parlé d'une bohémienne. Vous l'avez sauvée des mains de voleurs il y a deux mois. N'est-ce pas elle? »

Le capitaine s'approche.

15 « Oui, c'est elle, je crois.

— Marraine, dit la petite Bérangère, voyez cet homme en noir dans la galerie de la cathédrale. Qui est-ce?

— Mais c'est le juge Frollo.

— Voyez comme il observe la bohémienne, dit une des

20 jeunes filles.

« — Oh! elle doit faire attention, ajoute une autre. Il n'aime pas les bohémiennes.

— Puisque vous connaissez cette fille, demandez-lui de monter, dit Fleur-de-Lys à Phoebus. Elle nous amusera.

— Oh oui! s'écrient les jeunes filles en chœur.

— Mais c'est une folie, répond le capitaine. Elle m'a sûrement oublié. Et puis, je ne sais pas son nom. »

Les jeunes filles insistent.

« Enfin, pour vous faire plaisir, je vais essayer. »

Il l'appelle :

« Petite! »

Au son de cette voix, la bohémienne s'arrête court et tourne la tête.

« Petite », répète le capitaine. Et il lui fait signe de monter.

La bohémienne rougit. Elle passe à travers les spectateurs surpris et se dirige vers la porte de la maison. Elle est comme l'oiseau fasciné par le serpent. Elle entre dans la maison mais elle a peur d'avancer. Les jeunes filles la dévisagent, surprises et jalouses de sa beauté. Personne ne lui parle.

Enfin, le capitaine s'approche d'elle et lui demande :

« Est-ce que vous me reconnaissez?

— Oh oui! » répond la bohémienne avec un regard plein de douceur.

« Elle a bonne mémoire », dit méchamment Fleur-de-Lys.

« Vous vous êtes sauvée si vite ce soir-là. Est-ce que je vous fais peur? demande Phoebus.

— Oh non! » s'écrie la bohémienne.

Fleur-de-Lys la trouve de moins en moins sympathique.

« Mais pourquoi le bossu vous a-t-il attaquée? demande encore Phoebus.

— Je ne sais pas.

— En tout cas, il a été bien puni.

— Pauvre homme! » murmure Esmeralda qui se rappelle la scène du pilori.

Les jeunes filles se moquent de la bohémienne, de sa jupe trop courte en mauvais tissu, mais le capitaine prend sa défense :

« Laissez-les dire, petite. Votre robe n'est pas à la mode, mais charmante comme vous êtes, cela n'a pas d'importance. »

Tout à coup, la mère de Fleur-de-Lys pousse un cri. Djali est entrée dans la maison et a mis sa tête dans la jupe de la dame. Bérangère saute de joie.

« La jolie chevrette qui a des pattes d'or, s'écrie-t-elle.

— Eh mon Dieu! dit une des filles à son amie Fleur-de-Lys. C'est la bohémienne à la chèvre. On croit que c'est une sorcière. »

Puis, elle se tourne vers Esmeralda.

« Petite, fais-nous un miracle.

— Je ne sais pas ce que vous voulez dire, réplique Esmeralda.

— Un miracle, une magie, une sorcellerie enfin. »

À ce moment-là, Fleur-de-Lys remarque un sachet autour du cou de la chèvre.

« Qu'est-ce que c'est que ça? demande-t-elle.

— Ça, c'est mon secret, répond la bohémienne.

— Alors, si toi et ta chèvre n'avez rien à nous donner, allez-vous-en! » dit Fleur-de-Lys.

Esmeralda va partir, mais le capitaine l'arrête.

« Voyons, on ne s'en va pas comme ça. Danse-nous quelque chose et dis-nous au moins ton nom.

— La Esmeralda. »

Les jeunes filles éclatent de rire.

« Oh! Oh! Esmeralda. Voilà un beau nom pour une demoiselle! »

Pendant cette conversation, Bérangère a attiré la chèvre dans un coin. Elles sont bonnes amies. Bérangère a ouvert le sachet que Djali porte au cou et l'a vidé. Il contenait un alphabet écrit sur de petits cubes de bois. La chèvre a tiré sept lettres avec sa patte et les a arrangées dans un ordre particulier.

« Marraine, s'écrie Bérangère, venez voir ce que la chèvre a écrit. »

Fleur-de-Lys se précipite et lit :
P H O E B U S.

« C'est la chèvre qui a écrit cela? demande-t-elle tristement.

— Oui, marraine.

— Voilà donc le secret! » pense Fleur-de-Lys.

Cependant, au cri de l'enfant, tout le monde est accouru. Devant la sottise de Djali, Esmeralda devient rouge. Le capitaine la regarde avec étonnement et satisfaction.

« Phoebus! disent les jeunes filles, mais c'est le nom du capitaine! »

Fleur-de-Lys perd connaissance.

« Ma fille! crie la mère effrayée. Va-t-en, bohémienne de l'enfer. »

Esmeralda ramasse les lettres, appelle Djali et sort.

Le capitaine regarde Fleur-de-Lys évanouie, hésite un moment, puis suit la bohémienne. ⁵

Djali, chèvre savante

EXERCICES

COMPRÉHENSION

A. Vrai ou faux?

1. Les événements du chapitre VIII se passent plusieurs jours après la Fête des Fous.

2. Phoebus et Fleur-de-Lys sont mari et femme.

3. Bérangère est la marraine de Fleur-de-Lys.

4. Claude Frollo est dangereux pour Esmeralda.

5. Phoebus ne sait pas comment s'appelle la bohémienne.

6. Les autres jeunes filles admirent Esmeralda.

7. Esmeralda a pitié de Quasimodo.

8. Les jeunes filles trouvent beau le nom de la bohémienne.

9. Esmeralda a peur de Phoebus.

10. Le sachet contenait des lettres en bois.

B. Remplacez l'expression en italique par une expression équivalente tirée du texte.

1. La conversation des jeunes filles *ennuie* Phoebus.

2. On *court* à la fenêtre.

3. *Voilà* deux mois, vous l'avez sauvée.

4. Je *pense* que c'est elle.

5. Il *regarde attentivement* la bohémienne.

6. Elle *craint* d'avancer.

7. Esmeralda *devient rouge*.

8. Elle *se rappelle* le capitaine.

9. Fleur-de-Lys *voit* un sachet autour du cou de Djali.

10. « *Partez!* » dit la jeune fille.

C. Trouvez, dans le texte, un ou plusieurs mots de la même famille que les mots suivants.

 1. amour

 2. fou

 3. sorcier

 4. rouge

 5. sot

COMMUNICATION

D. À vous la parole!

 1. Claude Frollo observe la bohémienne parce que …
 2. La bohémienne rougit quand Phoebus l'appelle parce que …

E. Activité de groupe

Une discussion

Presque tous les personnages de ce chapitre sont des femmes. Comment Victor Hugo les peint-il? Sont-elles des personnages sympathiques, ou l'auteur est-il misogyne?

CHAPITRE NEUF
UN RENDEZ-VOUS TRAGIQUE

*J*ehan Frollo est d'excellente humeur. Il a dans les mains une bourse pleine que son frère Claude lui a donnée pour une pauvre veuve qui a deux jeunes enfants. Le juge a d'abord hésité car il sait que Jehan ment avec facilité, mais le jeune homme est éloquent : il a convaincu Claude. Bien entendu, la veuve n'existe que dans l'imagination de Jehan.

Claude accompagne son frère jusqu'à la porte. Comme ils l'ouvrent, ils entendent une formidable série de jurons.

« Mais c'est mon ami Phoebus, s'écrie Jehan. Il sacre avec une verve admirable. »

Au nom de Phoebus, Claude pâlit et commence à trembler. Il sait que c'est Phoebus de Châteaupers qui a sauvé Esmeralda. Il fait semblant de rentrer mais décide de suivre les deux jeunes gens.

« Bonjour, mon cher camarade, dit Jehan. Vous jurez avec beaucoup d'originalité.

— Corne et tonnerre[1]! répète le capitaine. Je viens de chez Fleur-de-Lys. Quand je sors de chez elle, j'ai toujours envie de jurer.

— Calmez-vous, dit Jehan. Venez plutôt boire un coup.

— Volontiers! Mais je n'ai pas d'argent.

— J'en ai, moi.

— Vous, Jehan?

— Oui, mon cher. Mon frère a été très généreux. Allons à la Pomme d'Ève. Le vin y est excellent. »

---

1. *Corne et tonnerre!* : juron amusant

Le juge les suit de loin, mais il entend toute la conversation car les deux hommes parlent fort. Ils parlent de duels, de vin, de filles, de folies. Claude n'est même pas furieux contre Jehan qui va gaspiller son argent. C'est Phoebus qui le préoccupe. Il est mortellement jaloux du beau capitaine.

Tout à coup, au tournant d'une rue, on entend un tambourin.

« Tonnerre! Dépêchons-nous, dit Phoebus.

— Pourquoi?

— Je ne veux pas que la bohémienne me voie maintenant.

— Quelle bohémienne?

— La petite qui a une chèvre.

— Ah! La Esmeralda.

— Justement, Jehan. J'oublie toujours son nom.

— Est-ce que vous la connaissez, Phoebus? »

Phoebus ricane et dit quelques mots tout bas à Jehan. Puis, il éclate d'un rire triomphant.

« En vérité? dit Jehan.

— Je le jure.

— Ce soir?

— Ce soir.

— Êtes-vous sûr qu'elle viendra?

— Elle viendra.

— Capitaine Phoebus, vous avez de la chance. »

Claude a tout entendu. Ses dents claquent. Il frissonne tellement qu'il doit s'appuyer à un mur. Petit à petit, il se calme et continue à suivre les deux compagnons. Enfin, ceux-ci entrent à la Pomme d'Ève.

Pendant que les deux amis vident la bourse de Jehan, un homme se promène devant la taverne. Il fait sombre maintenant, mais de nombreuses chandelles éclairent la salle. L'homme qui marche devant la taverne porte un manteau jusqu'au nez et un grand chapeau. On ne voit pas son visage.

Après quelque temps, la porte du cabaret s'ouvre. Deux buveurs en sortent. L'un des deux a l'air ivre. L'autre l'aide à marcher.

« Corne et tonnerre! crie celui-ci. Il est bientôt sept heures, l'heure de mon rendez-vous. Jehan, vous êtes ivre. Essayez de marcher droit. Je dois vous quitter. Vous savez que j'ai rendez-vous au bout du pont Saint-Michel. Adieu!

— Adieu donc! »

Et Jehan tombe sur un tas d'ordures.

Phoebus ne relève pas son ami. Il est pressé. L'homme au manteau le suit. Phoebus a parfois l'impression que quelqu'un est derrière lui, mais quand il se retourne, il ne voit personne. De toute façon, il n'a pas peur. Il est brave et il a son épée.

Au bout du pont Saint-Michel, la bohémienne attend. Le capitaine l'entraîne dans une rue sombre. L'homme au manteau est si près d'eux qu'il entend leurs paroles. Les deux amoureux, préoccupés l'un de l'autre, ne savent pas qu'on les observe. Les amoureux se croient toujours seuls au monde.

« Oh! dit la jeune fille. Ne me méprisez pas, monseigneur Phoebus.

— Vous mépriser, belle enfant, et pourquoi?

— Parce que j'ai accepté ce rendez-vous. Mais, monseigneur, c'est parce que je vous aime.

— Vous m'aimez! », dit Phoebus avec transport[1]. Et il met son bras autour de la taille de la bohémienne.

« Oui, je vous aime. Je rêve depuis longtemps d'un bel officier qui me sauve la vie. Je rêvais de vous avant de vous connaître. J'aime votre nom — Phoebus. Vous êtes grand, fort. Et comme vous êtes beau! Marchez! Je veux vous regarder. »

Le capitaine parade devant la bohémienne avec un sourire de satisfaction.

« Que vous êtes enfant! dit-il. Mais, m'avez-vous vu en habit de cérémonie?

— Hélas! non.

— C'est cela qui est beau. »

Phoebus, flatté, se rapproche d'elle et la prend dans ses bras. Il essaye de l'embrasser.

« M'aimez-vous? » demande-t-elle.

Phoebus se jette à genoux.

« Si je t'aime, ange de ma vie! Mon corps, mon sang, mon âme, tout est à toi, tout est pour toi. Je t'aime et n'ai jamais aimé que toi. »

Il est évident que Phoebus a souvent répété ces mêmes paroles, mais Esmeralda ne doute pas de la sincérité de son amoureux. Quand il la prend dans ses bras, elle l'embrasse avec passion.

---

1. *avec transport* : avec joie

Alors, l'homme qui les observe sort un poignard qu'il cachait sous son manteau. Il se précipite sur eux, les sépare avec violence et poignarde le beau Phoebus.

« Corne et tonnerre! » s'écrie le capitaine en tombant.

La bohémienne a vu briller le poignard, mais elle n'a pas eu la force de crier. Elle s'évanouit. 5

Quand elle reprend ses sens, elle est entourée de soldats. On emporte le capitaine qui baigne dans son sang. Elle entend dire autour d'elle :

« C'est une sorcière qui a poignardé un officier. » 10

Phoebus poignardé

$\mathcal{E}$XERCICES

COMPRÉHENSION

A. Complétez la phrase à l'aide des mots donnés dans la colonne de droite.

1. Jehan est d'excellente ...
2. Phoebus ... avec une verve admirable.
3. Claude ... de rentrer.
4. Au cabaret, Jehan va ... son argent.
5. Quand Jehan parle de la bohémienne, Phoebus ...
6. Les dents de Claude ...
7. Quand les deux compagnons sortent de la taverne, Jehan est ...
8. Il tombe sur un tas d' ...
9. Les deux amoureux sont ... l'un de l'autre.
10. L'homme au manteau a ... le capitaine.

gaspiller
poignardé
humeur
préoccupés
ivre
sacre
fait semblant
ricane
claquent
ordures

B. Remplacez les expressions en italique par des expressions équivalentes tirées du texte.

1. Jehan *ne dit pas la vérité*.
2. Claude *devient pâle*.
3. J'ai envie de *sacrer*.
4. Phoebus *rit méchamment*.
5. Les deux amis *dépensent l'argent* de Jehan.
6. Il a l'air *d'avoir trop bu*.
7. Les deux amoureux ne savent pas qu'on les *regarde*.
8. *Comme* vous êtes enfant!
9. Elle *lui donne un baiser*.
10. Esmeralda *perd connaissance*.

C. Complétez les phrases à l'aide d'un nom ou d'un adjectif tiré du texte.

1. Une bourse qui contient beaucoup d'argent est ...
2. Un homme qui détermine si un criminel est coupable ou non est un ...
3. Un homme qui parle avec facilité est ...
4. Une femme qui a perdu son mari est une ...
5. Un homme qui boit est un ...
6. Un homme qui a trop bu est ...
7. Un homme qui aime une femme est ...
8. Un officier qui commande une compagnie est un ...
9. Un homme qui fait partie d'une armée est un ...
10. Une femme qui pratique la sorcellerie est une ...

COMMUNICATION

D. À vous la parole!

1. Esmeralda est vraiment naïve. Justifiez cette affirmation.
2. Phoebus est un vrai « play-boy ». Êtes-vous d'accord ou non? Pourquoi?

E. Activité de groupe

Le chapitre IX comporte beaucoup d'action, de dialogue et un certain suspense. C'est presque du cinéma. L'un(e) de vous se chargera de la mise en scène et quatre acteurs interpréteront le texte en insistant sur le suspense.

PROJET

Les ponts de Paris

Les ponts de Paris sont célèbres. Esmeralda et Phoebus ont rendez-vous au pont Saint-Michel. Documentez-vous sur les principaux ponts de Paris et parlez-en à la classe.

CHAPITRE DIX
ON JUGE ESMERALDA

*L*es amis d'Esmeralda sont inquiets. Depuis un mois, elle n'est pas venue à la Cour des Miracles. Depuis un mois, personne ne l'a rencontrée, personne ne l'a vue danser.

Gringoire est mortellement inquiet. Un jour qu'il passe
5 devant le Palais de Justice, il aperçoit une grande foule devant une des portes.

« Qu'est cela? demande-t-il à un jeune homme.

— On juge une femme qui a assassiné un officier. On dit que c'est une sorcière. »

10 Gringoire suit la foule. Le spectacle d'un procès criminel dissipera sa mélancolie. La stupidité des juges l'amuse.

Gringoire arrive dans une salle vaste et sombre. Le soir tombe et des chandelles sont allumées. Sur une estrade sont assis de nombreux juges immobiles et sinistres. Partout, des sol-
15 dats armés de piques.

« Qui est ce gros homme rouge, au-dessus de tous? demande Gringoire à une spectatrice.

— C'est le président du tribunal.

— Et cette espèce de gros chat noir?

20 — C'est maître Jacques Charmolue, spécialiste des affaires de sorcellerie.

— Où est l'accusée?

— Elle est cachée par la foule. »

Il y a grand bruit dans la salle pendant qu'on interroge les
25 témoins. Gringoire essaye vainement de voir l'accusée. Soudain, l'avocat du roi déclare :

« Selon la déposition écrite de Phoebus de Châteaupers …»
À ce nom, l'accusée se lève d'un bond. Gringoire épouvanté
reconnaît Esmeralda. Elle est pâle et ses beaux cheveux tombent
en désordre. Ses lèvres sont bleues, ses yeux creux.

Esmeralda devant ses juges

« Phoebus! dit-elle. Où est-il? Oh! messeigneurs, avant de me tuer, dites-moi s'il vit.

— Taisez-vous, femme! répond le président. Ce n'est pas là notre affaire.

— Oh! par pitié! dites-moi s'il est vivant. »

Elle joint les mains et on entend les chaînes bouger le long de sa robe.

« Eh bien! dit sèchement l'avocat du roi, il est mort. Êtes-vous contente? »

La malheureuse retombe sur son banc, blanche comme une morte. Le président s'adresse alors à l'huissier :

« Huissier, introduisez la seconde accusée. »

Une porte s'ouvre et une petite chèvre aux cornes et aux pieds d'or entre dans la salle. Elle reconnaît sa maîtresse et, en deux bonds, elle est à ses pieds, mais Esmeralda ne voit pas Djali.

« Maintenant, dit Charmolue, nous procéderons à l'interrogatoire de la chèvre. »

À cette époque, les animaux sont souvent condamnés pour sorcellerie.

L'avocat du roi déclare :

« Un démon possède cette chèvre. S'il n'en sort pas, nous condamnerons la bête au gibet ou au bûcher. »

Charmolue prend alors le tambourin d'Esmeralda sur une table. Il le présente à la chèvre et dit :

« Quelle heure est-il? »

Djali lève son pied doré et frappe sept coups. Il est, en effet, sept heures. Gringoire est au désespoir.

« Elle se perd, crie-t-il. Vous voyez bien qu'elle ne sait pas ce qu'elle fait. »

— Silence! » ordonne l'huissier.

Charmolue pose alors des questions sur la date du jour, le mois de l'année. Djali frappe toujours le bon nombre de coups sur le tambourin. Devant Notre-Dame, les spectateurs applaudissaient. Aujourd'hui, au Palais de Justice, ils croient que la chèvre est le diable.

Mais il y a pire encore. L'avocat du roi vide sur le carreau le sac de cuir que Djali portait au cou. Les lettres en tombent. Avec sa patte, la chèvre écrit le nom Phoebus. Maintenant, aux yeux de tous, la bohémienne est une vile sorcière. Les insultes de l'auditoire ne l'impressionnent pas; elle ne donne aucun signe de vie. Enfin, un sergent vient la secouer.

Le président de la cour déclare solennellement :

« Fille, vous avez, le 29 mars dernier, par sorcellerie, de concert avec le diable, poignardé un capitaine des archers du roi, Phoebus de Châteaupers. Persistez-vous à le nier? »

« Horreur! » s'écrie la jeune fille qui cache son visage dans ses mains. « Mon Phoebus! Ah! c'est l'enfer!

— Persistez-vous à le nier? »

La bohémienne se lève et son œil étincelle :

« Oh oui! je le nie, dit-elle d'une voix terrible.

— Alors, demande le président, comment expliquez-vous les faits?

— Je l'ai déjà dit. Je ne sais pas. C'est un homme, un homme que je ne connais pas. Un homme qui me poursuit. Oh! … messeigneurs! Ayez pitié! Je ne suis qu'une pauvre fille.

— Une bohémienne », dit le président.

Jacques Charmolue parle alors avec douceur.

« Vu l'obstination de l'accusée, je demande l'application de la question.

— Accordé », dit le président.

La malheureuse tremble. Pourtant, elle se lève. Guidée par deux sergents, elle marche entre deux rangées de soldats. Une porte s'ouvre soudain et se referme sur elle. Pour Gringoire, cette porte ressemble à une horrible gueule qui vient de dévorer Esmeralda.

On entend dans la salle un bêlement plaintif. C'est la petite chèvre qui pleure.

*E*XERCICES

COMPRÉHENSION

A. Vrai ou faux?

1. Les amis d'Esmeralda l'ont vue il y a un mois.
2. Gringoire entre au Palais de Justice parce que le spectacle d'un procès l'amuse.
3. Le procès a lieu le soir.
4. Le président du tribunal est en noir.
5. Les soldats sont armés de poignards.
6. Esmeralda est heureuse de revoir Djali.
7. On interroge la chèvre.
8. Les spectateurs applaudissent Djali.
9. L'auditoire insulte Esmeralda.
10. Quand Esmeralda quitte la salle, Djali la suit.

B. Trouvez, dans le texte, le contraire des expressions en italique.

1. *Quelqu'un* a rencontré Esmeralda.
2. Il *précède* la foule.
3. La stupidité des juges l'*ennuie*.
4. De nombreux juges sont *debout* dans une salle *claire*.
5. L'accusée se lève *lentement*.
6. Elle demande si Phoebus *est mort*.
7. Êtes-vous *triste*?
8. La chèvre *baisse* le pied.
9. Oh oui! je *l'avoue*.
10. Une porte se *ferme* soudain.

C. Chacun des personnages suivants joue un rôle au procès d'Esmeralda. Quel est ce rôle?

1. le président du tribunal
2. Jacques Charmolue
3. l'avocat du roi
4. l'huissier
5. Esmeralda, Djali
6. les soldats

COMMUNICATION

D. À vous la parole!

1. À votre avis, qu'est-ce qui attire le public à un procès?
2. En quoi un procès est-il un spectacle?

E. Activité de groupe

La classe jouera le procès d'Esmeralda.
Personnages :
1. le président du tribunal
2. Charmolue
3. les juges (cinq ou six)
4. Gringoire
5. une femme, un homme
6. Esmeralda
7. Djali
8. l'auditoire

PROJET

1. Documentez-vous sur les superstitions du Moyen Âge et parlez-en à la classe.
2. Quelles superstitions avez-vous rencontrées dans votre milieu? Décrivez-les.

CHAPITRE ONZE
LA CHAMBRE
DE LA QUESTION

*L*a chambre de la question est, en effet, une gueule d'enfer. Pas de fenêtre dans cette tombe. Un four, où un gros feu brille, est creusé dans le mur. Ce feu projette des lueurs rouges sur les terribles instruments de torture. Quel spectacle pour la malheureuse Esmeralda! Cette tendre fille de seize ans tremble de frayeur.

Le tourmenteur, Pierrat Torture, est là.

« Où est le médecin? demande Charmolue.

— Ici », répond une robe noire.

Esmeralda frissonne d'horreur.

« Mademoiselle, demande Charmolue, pour la troisième fois, persistez-vous à nier? »

Esmeralda n'a pas la force de parler. Elle fait un signe de tête.

« Vous persistez, déclare Charmolue. Alors, je n'ai pas le choix. Je suis désespéré, mais je dois faire mon devoir.

— Monsieur le procureur du roi, demande Pierrat, par où commençons-nous?

— Par le brodequin », dit Charmolue.

Le tourmenteur et le médecin s'approchent en même temps d'Esmeralda. Pierrat la couche sur un lit de cuir au milieu de la chambre. La malheureuse est sans voix, sans force. Les mains dures de Pierrat et de ses valets lui prennent la jambe. Ils forcent la chair délicate dans un effrayant appareil de fer et de cuir.

Alors, la terreur donne de l'énergie à Esmeralda.

« Ôtez cela, crie-t-elle. Grâce! »

Elle veut se lever, se jeter aux pieds du procureur, mais le lourd brodequin la retient.

On la replace sur le lit.

« Une dernière fois, avouez-vous? demande Charmolue.

— Je suis innocente.

— Alors, comment expliquez-vous les faits?

— Hélas! monseigneur, je ne sais pas.

— Vous niez donc?

— Tout!

— Faites », dit alors Charmolue à Pierrat.

Celui-ci tourne une poignée. Le brodequin se resserre. La malheureuse pousse un hurlement horrible, inhumain.

« Je suis innocente »

« Avouez-vous? demande Charmolue.

— Tout! crie la pauvre fille. J'avoue! j'avoue! grâce!

— L'humanité m'oblige à vous avertir. En avouant, c'est la mort que vous devez attendre. »

Pierrat Torture la soulève et dit :

« Soutenez-vous un peu, ma belle. »

Jacques Charmolue élève la voix :

« Greffier, écrivez.

« Jeune fille bohème, vous avez eu commerce avec le diable sous la forme d'une chèvre.

— Oui », dit Esmeralda, d'une voix presque inaudible.

« Vous avouez avoir assassiné, dans la nuit du 29 mars dernier, un capitaine nommé Phoebus de Châteaupers.

— Oui », dit-elle machinalement.

— Écrivez, greffier », dit Charmolue. Et aux tortionnaires : « Détachez-la! »

Quand ils rentrent dans la salle, Charmolue annonce fièrement à la Cour :

« L'accusée a tout avoué. »

« Fille bohème, dit le président, vous avez avoué vos faits de magie et d'assassinat sur Phoebus de Châteaupers.

— Tout ce que vous voulez. Mais tuez-moi vite! »

On passe aux votes. Les juges sont unanimes. Alors, une voix sinistre déclare :

« Fille bohème, le jour qu'il plaira au roi, à l'heure de midi, vous serez menée dans une charrette, devant le grand portail de Notre-Dame. Vous serez en chemise, pieds nus, la corde au cou. Vous ferez amende honorable[1]. De là, vous serez menée à la Place de Grève, où vous serez pendue au gibet de la ville, et votre chèvre aussi. Et que Dieu ait pitié de votre âme! »

« Oh! c'est un cauchemar », murmure-t-elle. Et elle sent de rudes mains qui l'emportent.

---

1. *vous ferez amende honorable* : vous admettrez votre faute en public

$\mathcal{E}$XERCICES

COMPRÉHENSION

A. Répondez aux questions suivantes.

1. À quoi la chambre de la question est-elle comparée?

2. Qu'est-ce qui éclaire les instruments de torture?

3. Pourquoi Esmeralda tremble-t-elle?

4. Quelle torture impose-t-on à Esmeralda?

5. À votre avis, pourquoi Esmeralda avoue-t-elle un crime qu'elle n'a pas commis?

6. Quelle sera la punition d'Esmeralda si elle avoue?

7. Qui écrit les questions de Charmolue et les réponses d'Esmeralda?

8. De quoi accuse-t-on Esmeralda?

9. Combien de juges pensent qu'Esmeralda est innocente?

10. Où Esmeralda sera-t-elle pendue?

B. Trouvez, dans le texte, au moins un mot de la même famille que les mots suivants.

1. frayeur

2. horreur

3. assassin

4. poing

5. humain

Employez trois de ces mots dans une phrase qui en démontre le sens.

C. Complétez la phrase à l'aide d'un mot tiré du texte.

1. La chambre de la question est comme une ...

2. Elle est éclairée par un …

3. La pauvre Esmeralda tremble de …

4. Le médecin porte une robe …

5. L'instrument de torture choisi pour Esmeralda est le …

6. On la couche sur un lit de …

7. Lorsque Pierrat Torture tourne une …,
Esmeralda hurle.

8. Le … écrit les questions et les réponses.

9. Charmolue annonce à la … que l'accusée a avoué.

10. Elle sera menée devant le grand … de Notre-Dame.

COMMUNICATION

D. À vous la parole!

1. Esmeralda sera amenée à la place de Grève pour …

2. Esmeralda désire mourir vite parce que …

E. Activité de groupe

Débat

Les juges qui condamnaient les sorcières à la torture et à la mort étaient-ils des sadiques?

PROJET

Documentez-vous sur les instruments de torture au Moyen Âge et présentez votre documentation à la classe.

CHAPITRE DOUZE
LES AVEUX DE
CLAUDE FROLLO

Un inconnu pénètre dans la cellule d'Esmeralda

*E*smeralda est maintenant dans un souterrain du Palais de Justice. Il n'y a aucune fenêtre dans ce cachot. Sa seule communication avec les humains est la visite périodique du geôlier qui apporte le pain et l'eau.

Le cachot est humide. À côté d'elle, il y a une mare d'eau. 5
Parfois, elle sent quelque chose sur son pied ou sur son bras — un rat, sans doute.

Il fait toujours noir dans sa prison. Elle ne sait pas si c'est le jour ou la nuit; elle ne sait pas si elle est dans son cachot depuis une semaine ou un mois. 10

Un jour, la porte s'ouvre. Elle voit une lanterne. La lumière lui fait mal : elle ferme les yeux. Quand elle les rouvre, un homme est debout devant elle. Il porte un grand manteau avec un capuchon. Il ne parle pas.

Enfin, elle demande :

« Qui êtes-vous?

— Un juge. Êtes-vous prête à mourir?

— Oh! dit-elle. Ce sera bientôt?

— Demain.

— C'est encore long. Pourquoi pas aujourd'hui?

— Vous êtes donc bien malheureuse?

— J'ai très froid.

— Sans lumière! sans feu! dans l'eau! C'est horrible.

— Oui, dit-elle.

— Savez-vous pourquoi vous êtes ici?

— Je crois que je l'ai su, mais je ne sais plus. Oh! j'ai froid! j'ai peur! Il y a des bêtes qui montent sur moi. »

Et elle commence à pleurer.

« Eh bien! suivez-moi! »

Le juge lui prend le bras.

« Oh! murmure-t-elle, c'est la main glacée de la mort. Qui êtes-vous donc? »

Le juge baisse son capuchon. Esmeralda reconnaît le visage sinistre qui la poursuit. Elle reconnaît la tête de démon qu'elle a vue près de son adoré Phoebus. Alors, elle se rappelle tous les détails de sa lugubre aventure.

« Hah! crie-t-elle avec un tremblement convulsif.

— Je vous fais horreur? » demande-t-il.

Elle ne répond rien.

« Est-ce que je vous fais horreur? répète-t-il.

— Oui! dit-elle. Sans vous, mon Dieu, j'étais heureuse. Oh ciel! c'est vous qui avez tué ... c'est vous qui avez tué mon Phoebus! »

Elle sanglote et lève les yeux vers le juge.

« Oh! misérable, qui êtes-vous? Que vous ai-je fait? Vous me haïssez donc? Hélas! qu'avez-vous contre moi?

— Je t'aime! » crie le juge.

Il se jette à genoux et la regarde avec passion.

« Entends-tu? je t'aime! crie-t-il encore.

— Quel amour!

— L'amour d'un damné. »

Ils restent un instant silencieux.

« Écoute, dit-il enfin calmement, tu vas tout savoir. Avant de te rencontrer, j'étais heureux.

— Et moi! soupire-t-elle faiblement.

— Ne m'interromps pas! Oui, j'étais heureux, ou je croyais l'être. La science était tout pour moi. J'avais admiré des femmes, mais les livres me faisaient oublier les tentations. Hélas! avec toi, j'ai rencontré le démon. Et le démon est plus fort que l'homme. Un jour, j'étais devant ma fenêtre; je lisais. Tout à coup, j'entends un bruit de tambour. Je regarde et je vois une créature qui danse. Ses grands yeux noirs brillaient. Dans ses cheveux noirs, le soleil mettait des fils d'or. Quelle grâce dans sa danse! Quelle élégance dans le mouvement de ses bras! J'ai voulu fuir, mais je n'ai pas pu. La créature que je regardais n'était pas humaine. Elle ne pouvait venir que du ciel ou de l'enfer. Puis j'ai remarqué près de toi une chèvre, une bête diabolique. Cette bête me regardait en riant. Alors, j'ai vu le piège du démon. J'ai compris que tu venais de l'enfer pour me perdre. Je l'ai cru, je le crois encore.

« Depuis ce jour-là, je ne me reconnais plus. J'ai essayé de t'oublier. En vain! Ton image danse dans les pages de mon livre.

« Alors, j'ai voulu te revoir. J'espérais détruire le charme. Hélas! quand je t'ai revue, j'ai désiré te revoir encore, et encore, et encore. Je te guettais partout, même du haut des tours de Notre-Dame. J'ai eu l'idée de t'enlever. Nous étions deux. Nous te tenions quand ce misérable officier t'a sauvée. Il commençait ainsi ton malheur, le sien et le mien. Puis, j'ai voulu te dénoncer comme sorcière : te détruire, c'était détruire mon tourment. Mais j'hésitais. Un jour, quelle fatalité! je vois passer devant moi un homme qui prononce ton nom et qui rit. Damnation! Je l'ai suivi. Tu sais le reste. »

La jeune fille ne trouve qu'un mot :

« Oh! mon Phoebus!

— Pas ce nom! dit le juge. Ne prononce pas ce nom! C'est lui qui nous a perdus. Tu souffres, n'est-ce pas? Tu as froid, la nuit t'enveloppe. Mais peut-être as-tu encore un peu de lumière au fond du cœur : cet amour pour un homme vide qui jouait avec ton cœur. Mais moi, je porte la prison en moi; au-dedans de moi, c'est l'hiver, la glace, le désespoir. J'ai la nuit dans l'âme. Sais-tu ce que j'ai souffert? J'étais un des juges à ton procès. J'étais dans la chambre de la question. J'ai vu ton pied, ce pied que je voulais baiser, emprisonné dans l'horrible brodequin. Oh! misérable! j'avais un poignard sous mon manteau. Quand tu as crié, je l'ai plongé dans ma chair. Regarde! Je crois que ça saigne encore. »

Il ouvre son manteau. En effet, il a au côté une plaie mal fermée.

Esmeralda recule d'horreur.

« Jeune fille, aie pitié de moi! Je t'aime. Grâce! Si tu viens de l'enfer, j'y vais avec toi. Je suis déjà damné. Fuyons! Nous serons heureux, tu verras. Demain, c'est le gibet. Oh! mais moi, je te sauverai. Tu m'aimeras plus tard. Mais viens! Sauve-toi! Sauve-moi! »

Il lui prend le bras. Il essaye de l'entraîner.

— Qu'est-ce qui est arrivé à Phoebus? dit-elle froidement.

— Ah! dit-il, vous êtes sans pitié. Et il lui lâche brutalement le bras.

« Qu'est-ce qui est arrivé à Phoebus? répète-t-elle.

— Il est mort, crie le juge.

— Mort! dit-elle, glaciale et immobile. Alors, pourquoi me parlez-vous de moi?

— Oui, il est bien mort. Je lui ai touché le cœur avec la pointe de mon poignard. Je l'ai senti. » Et il éclate d'un rire sinistre.

La jeune fille se jette sur lui comme une tigresse. Elle le pousse vers les marches de l'escalier avec une force surhumaine.

« Va-t'en, monstre! va-t'en, assassin! laisse-moi mourir! Être à toi? Jamais! jamais! Rien ne nous réunira, pas même l'enfer. »

Lentement, le juge reprend sa lanterne et monte les marches. Il ouvre la porte et sort.

Tout à coup, la jeune fille voit reparaître Frollo. Plein de rage et de désespoir, il s'écrie :

« Il est mort. Je te dis qu'il est mort. »

Esmeralda tombe la face contre terre.

$\mathcal{E}$XERCICES

COMPRÉHENSION

A. Vrai ou faux?

1. Dans son cachot, Esmeralda n'a aucune communication avec les humains.

2. Le cachot est éclairé par une fenêtre.

3. Esmeralda ne désire pas mourir tout de suite.

4. Elle sait maintenant que Claude Frollo a tué Phoebus.

5. Avant de rencontrer Esmeralda, Claude Frollo était heureux.

6. Il n'avait jamais regardé les femmes.

7. Il a pensé qu'Esmeralda venait de l'enfer à cause de sa chèvre.

8. Quand il lit, Claude voit Esmeralda dans les pages de son livre.

9. Il a essayé d'enlever Esmeralda avec l'aide de Quasimodo.

10. Claude Frollo regrette d'avoir tué Phoebus.

B. Complétez la phrase à l'aide d'une expression tirée du texte.

1. Parfois, Esmeralda sent … sur son pied.

2. Elle ferme les yeux parce que la lumière lui fait …

3. L'homme baisse son …

4. Parce qu'elle a froid, les dents d'Esmeralda …

5. Claude Frollo croit qu'Esmeralda est un … du démon.

6. Il a voulu … Esmeralda comme sorcière.

7. Dans la chambre de la question, Claude a plongé le poignard dans sa …

8. La … saigne encore.

9. Quand elle voit la plaie, Esmeralda ... d'horreur.

10. Claude essaye d' ... Esmeralda hors du cachot.

C. Dans ce chapitre, les deux personnages qui aspirent au *bonheur* sont plongés dans le *malheur*. Le texte contient donc beaucoup d'antonymes (mots ayant un sens opposé) comme, par exemple, *ciel/enfer*. Relevez, dans le texte, au moins *cinq* exemples d'antonymes.

COMMUNICATION

D. À vous la parole!

1. Claude Frollo est plus malheureux qu'Esmeralda.

2. Claude aime et, en même temps, hait Esmeralda. Quel est votre avis?

E. Activité de groupe

Deux acteurs et un metteur en scène joueront la scène devant la classe qui en fera la critique.

PROJET

Claude Frollo passe du *vous* au *tu* deux fois. Examinez bien le texte. Pourquoi ce changement? Quelles remarques d'Esmeralda et quels sentiments le poussent à passer du vouvoiement (utilisation du *vous*) au tutoiement (utilisation du *tu*)?

CHAPITRE TREIZE

PHOEBUS REVOIT FLEUR-DE-LYS

*P*hoebus n'est pas mort. Sa blessure était grave, mais grâce à sa jeunesse et à sa bonne santé, il a vite guéri. Bientôt après l'attentat, l'avocat du roi l'a questionné. Phoebus a peur du scandale. Il ne désire pas témoigner au procès d'Esmeralda. Il a donc quitté Paris le plus tôt possible, mais il n'est pas allé loin. 5
Il a simplement rejoint son régiment à Queue-en-Brie, à quelques kilomètres de Paris.

Mais le capitaine n'est pas rassuré. Il est naïf et superstitieux. Il se dit qu'Esmeralda est probablement une sorcière, peut-être le diable, car comment expliquer la chèvre savante? Il décide 10
d'oublier son aventure avec la bohémienne. Oublier un amour n'est pas difficile pour Phoebus. L'image de Fleur-de-Lys revient bientôt. Après tout, Fleur-de-Lys est une jolie fille avec une charmante dot. Un beau matin, Phoebus arrive chez sa fiancée.

Elle est seule avec sa mère. Fleur-de-Lys pense à la scène de l'alphabet. Mais le capitaine est si beau, si élégant dans son uniforme qu'elle lui pardonne tout. Phoebus est charmant envers sa belle fiancée, car après tout, les jolies filles sont rares à Queue-en-Brie. 15 20 25

La belle Fleur-de-Lys

Tout de même, Fleur-de-Lys pose quelques questions.

« Qu'est-ce que vous avez fait pendant deux grands mois, méchant?

— Je vous jure que vous êtes belle à faire rêver, déclare Phoebus gêné.

— C'est bon, c'est bon, monsieur, dit Fleur-de-Lys, heureuse du compliment. Mais répondez à ma question.

— Eh bien! chère amie, j'ai rejoint mon régiment.

— Et où cela? s'il vous plaît? Pourquoi n'êtes-vous pas venu me dire adieu?

— À Queue-en-Brie. »

Phoebus évite de répondre à la deuxième question.

« Mais c'est tout près, monsieur. Pourquoi n'êtes-vous pas venu me voir? »

Phoebus est très embarrassé.

« C'est que … le service … Et puis, j'ai été malade.

— Malade! répète-t-elle, désolée.

— Oui, blessé.

— Blessé! »

La pauvre fille est bouleversée.

« Oh! ce n'est rien, dit Phoebus. Une querelle, un coup d'épée. Cela n'a pas d'importance.

— Comment! cela n'a pas d'importance, s'écrie-t-elle, toute pâle. Qu'est-ce que c'est que ce coup d'épée? Je veux tout savoir.

— Eh bien! chère belle, je me suis querellé avec Mahé Fédy. Vous savez, ce lieutenant.

— Êtes-vous complètement guéri, mon Phoebus? Je ne connais pas ce Mahé Fédy, mais c'est un vilain homme. Dites-moi pourquoi cette querelle? »

L'imagination de Phoebus est, comme son intelligence, très limitée.

« Oh! que sais-je? J'oublie … un rien, un cheval, un mot! »

Pour changer de sujet, il s'écrie : « Entendez-vous ce bruit dehors? » Il s'approche de la fenêtre.

« C'est une sorcière qui va faire amende honorable devant l'église. Elle sera pendue après », déclare Fleur-de-Lys.

Le capitaine ne pense pas à Esmeralda. Il questionne quand même sa fiancée.

« Comment s'appelle cette sorcière?

— Je ne sais pas.

— Qu'est-ce qu'elle a fait?

— Je ne sais pas. Allons au balcon. »

Le balcon donne sur la place. Il y a là une foule énorme, une foule qui s'amuse.

Tout à coup, une clameur monte du pavé et des fenêtres ouvertes.

« La voilà! »

En même temps, midi sonne au clocher de Notre-Dame.

« La pauvre créature », murmure Fleur-de-Lys qui met la main sur ses yeux.

« Voulez-vous rentrer, charmante? demande le capitaine.

— Non », répond-elle. Et elle rouvre les yeux : sa curiosité est plus forte que sa pitié.

Un tombereau arrive sur la place. Dans le tombereau, une jeune fille est assise, les bras liés derrière le dos. Elle est en chemise. Ses longs cheveux noirs tombent sur ses épaules : ils seront coupés au pied du gibet. Autour de son cou, une grosse corde grise blesse sa chair fragile.

« Mais regardez donc! crie Fleur-de-Lys au capitaine. Regardez donc! C'est cette vilaine bohémienne à la chèvre.

— Quelle bohémienne à la chèvre? balbutie-t-il.

— Comment! répond Fleur-de-Lys furieuse, vous avez oublié ... »

Phoebus l'interrompt :

« Je ne sais pas ce que vous voulez dire. »

Il veut rentrer, mais Fleur-de-Lys revoit la scène de l'alphabet. De nouveau, la jalousie la dévore.

« Pourquoi voulez-vous rentrer? dit-elle à Phoebus. Est-ce que cette femme vous trouble?

— Moi? pas du tout. Vous vous moquez.

— Alors, restez! dit-elle d'une voix autoritaire, et restons jusqu'à la fin! »

Le capitaine est obligé d'obéir. Heureusement pour lui, la condamnée ne lève pas les yeux. Elle ressemble à une morte, et pourtant, elle est encore belle. Beaucoup de gens crient et rient, mais certains, plus humains, sont touchés par une beauté si malheureuse.

EXERCICES

COMPRÉHENSION

A. Répondez aux questions suivantes.

1. Qu'est-ce qui explique que Phoebus a vite guéri?

2. Pourquoi a-t-il rapidement quitté Paris?

3. Où se trouve Queue-en-Brie?

4. Quelle qualité de Fleur-de-Lys Phoebus apprécie-t-il particulièrement?

5. Quelle scène désagréable Fleur-de-Lys ne peut-elle oublier?

6. Combien de temps Phoebus a-t-il été absent?

7. Comment explique-t-il son absence?

8. Quelle est la part de vérité dans l'explication de Phoebus?

9. Quand Fleur-de-Lys est au balcon, pourquoi met-elle d'abord la main sur ses yeux?

10. Quel autre sentiment éprouve-t-elle quand elle reconnaît Esmeralda?

B. Remplacez la négation par une affirmation. Respectez le sens du texte.

1. La blessure de Phoebus n'était pas légère.

2. Il n'est pas resté à Paris.

3. Il décide de ne plus penser à son aventure.

4. Il n'y a pas beaucoup de jolies filles à Queue-en-Brie.

5. Phoebus ne désire pas répondre à la question.

6. N'êtes-vous plus malade?

7. L'imagination de Phoebus n'est pas très fertile.

8. Il y a là une foule qui ne s'ennuie pas.

9. Phoebus ne laisse pas parler Fleur-de-Lys.

10. Ne partez pas.

C. Trouvez, dans le texte, des mots dérivés des suivants.

1. blesser
2. témoin
3. image
4. question
5. sûr

COMMUNICATION

D. À vous la parole!

Phoebus revoit Fleur-de-Lys avec plaisir pour plusieurs raisons. À votre avis, quelles sont ces raisons?

E. Activité de groupe

Imaginez un jeune homme qui tombe amoureux ou une jeune fille qui tombe amoureuse. Écrivez un dialogue : la déclaration d'amour de la victime et les réponses de la personne aimée. Jouez la scène devant la classe.

PROJET

Il est souvent question d'amour dans le roman, mais les personnages aiment de façons différentes. Comparez la façon d'aimer :

1. d'Esmeralda
2. de Fleur-de-Lys
3. de Phoebus
4. de Claude Frollo.

CHAPITRE QUATORZE
ASILE! ASILE!

*L*e tombereau où est assise Esmeralda s'arrête devant le portail central de la cathédrale. La foule fait silence. La grande porte s'ouvre; la nef est déserte. Au fond, on aperçoit une grande croix d'argent sur un long drap noir. Puis, de l'église sort
5   un chant grave, monotone. C'est la messe des morts.

Le valet du bourreau aide Esmeralda à descendre du tombereau. Il l'entend répéter à voix basse : Phoebus!

On lui délie les mains. On délie aussi Djali qui bêle de joie. La petite chèvre est heureuse de se sentir libre. Esmeralda
10 marche pieds nus sur le dur pavé. Elle arrive au bas des marches du portail. La grosse corde traîne derrière elle comme un serpent.

Alors, le chant cesse. Une longue procession de prêtres sort de l'église. Un prêtre s'avance. Il met dans les mains
15 d'Esmeralda un lourd cierge jaune allumé.

« Jeune fille, avez-vous demandé pardon à Dieu de vos fautes?

— Oui, dit-elle machinalement.

— Va maintenant, et que Dieu ait miséricorde de ton âme. »
20 Esmeralda doit maintenant remonter dans le tombereau. Le bourreau lui lie de nouveau les mains. Si près de la mort, cette fille de seize ans regrette la vie. C'est une belle journée : le soleil brille. Esmeralda lève les yeux vers le soleil et pousse un cri de joie. Elle a vu Phoebus. Phoebus est vivant! Il est là, resplendis-
25 sant dans son bel uniforme, l'épée au côté.

« Phoebus! crie-t-elle, mon Phoebus! »

Elle veut tendre les bras vers lui, mais ils sont attachés.

Alors, elle voit la belle jeune femme avec Phoebus. Les deux jeunes gens prononcent quelques mots, puis rentrent précipitamment dans la maison.

Soudain, Esmeralda se rappelle qu'elle a été condamnée pour le meurtre de Phoebus.

« Phoebus, s'écrie-t-elle, ne le crois pas! Ce n'est pas moi qui ai voulu te tuer! »

Ce dernier coup est trop cruel. Elle tombe sans mouvement sur le pavé.

Dans la galerie des rois, sculptée au-dessus du portail, quelqu'un observe la scène. Personne ne remarque le personnage grotesque qui ressemble aux gargouilles de la cathédrale. Personne n'a remarqué une longue corde attachée à une des colonnettes de la galerie. Tout à coup, ce personnage enjambe la balustre. Il saisit la corde des mains, des genoux, des pieds et s'élance sur le bourreau. D'une main, il enlève Esmeralda et bondit dans l'église en criant : « Asile! »

Quasimodo a sauvé Esmeralda

Tout cela s'est passé en un instant.

« Asile! Asile! » répète la foule qui applaudit un exploit si extraordinaire. L'œil de Quasimodo étincelle de joie et de fierté.

Maintenant, Esmeralda est sauvée. La cathédrale est un lieu de refuge. La justice humaine ne pénètre pas dans la cathédrale.

Quasimodo s'est arrêté sous le grand portail. Il porte la jeune fille dans ses bras comme une chose précieuse. Il a peur de la briser : elle est délicate pour ses grosses mains. Puis, par moments, il la serre dans ses bras comme son bien, son trésor. De son œil unique, il la regarde avec tendresse, douleur et pitié.

Les femmes pleurent, les hommes sont émus. À ce moment-là, Quasimodo est beau. Cet orphelin, cet enfant trouvé, ce rebut de la société, se sent noble et puissant. Il a vaincu la force du roi avec la force de Dieu.

EXERCICES

COMPRÉHENSION

A. Chaque phrase comporte une erreur. Corrigez-la.

1. Esmeralda est debout dans le tombereau.

2. Quand la porte s'ouvre, une longue procession de prêtres est dans la nef.

3. Le bourreau aide Esmeralda à descendre.

4. On lie les mains d'Esmeralda quand elle descend du tombereau.

5. Cette fille de quinze ans regrette la vie.

6. Esmeralda pousse un cri quand elle voit une jeune fille avec Phoebus.

7. Dans une des tours de la cathédrale, Quasimodo observe la scène.

8. Il a attaché une longue corde à une des gargouilles.

9. Il enlève Esmeralda des deux mains en criant : « Asile! »

10. Il s'arrête dans la nef.

B. Remplacez l'expression en italique par une expression équivalente tirée du texte.

1. *La charrette* s'arrête devant le portail.

2. Quand Esmeralda s'arrête au *pied* des marches, le chant cesse.

3. Elle a demandé pardon de ses *péchés*.

4. *Sur le point de mourir*, elle regrette la vie.

5. *Il fait beau.*

6. Phoebus *n'est pas mort*.

7. Elle ne peut tendre les bras; ils sont *liés*.

8. Elle se *souvient* qu'elle a été condamnée pour *l'assassinat* de Phoebus.

9. Le personnage grotesque *se jette* sur le bourreau.

10. Il *craint* d'écraser Esmeralda parce qu'elle est *fragile*.

C. Relevez, dans le texte, les mots ou expressions qui contribuent à créer une atmosphère sinistre.

COMMUNICATION

D. À vous la parole!

À votre avis, quels ont été les sentiments d'Esmeralda :

1. quand elle a vu Phoebus?

2. quand elle a vu la jeune fille à côté de lui?

3. quand les jeunes gens sont rentrés précipitamment?

E. Activité de groupe

Dans les chapitres que vous avez lus jusqu'ici, plusieurs parties de la cathédrale ont été mentionnées. Faites un dessin de la cathédrale et marquez-y les éléments suivants.

1. le portail central

2. les autres portails

3. les tours

4. les cloches

5. la galerie des rois

6. la nef

7. quelques gargouilles

8. le parvis

CHAPITRE QUINZE

BOSSU, BOITEUX, BORGNE ET SOURD

Au Moyen Âge, toutes les villes de France avaient leurs lieux d'asile. Les églises surtout avaient droit d'asile. Si un criminel mettait le pied dans un asile, il était sauvé, mais s'il mettait le pied dehors, il était à la merci de la justice humaine.

À Notre-Dame, une cellule était réservée aux suppliants[1]. C'est là que Quasimodo a déposé Esmeralda. Pendant que Quasimodo l'emportait, elle était à demi consciente. Maintenant, elle comprend qu'elle est dans Notre-Dame. Elle se souvient qu'elle a été condamnée à mort, qu'elle a été sauvée, que Phoebus ne l'aime plus. Elle se tourne vers Quasimodo et lui demande : « Pourquoi m'avez-vous sauvée? »

D'abord, il ne comprend pas. Elle répète sa question. Il la regarde avec tristesse et s'enfuit.

Quelques instants plus tard, il revient avec des vêtements que des femmes charitables ont laissés pour elle à la porte de l'église; puis il apporte un panier et un matelas. Le panier contient des provisions. Il le pose à terre et dit : « Mangez. » Il place le matelas sur le sol et dit : « Dormez. » C'est son propre repas, c'est son propre lit que le sonneur de cloches donne à Esmeralda.

5

10

15

20

1. *suppliants* : ici, ceux qui se réfugient à l'église

Elle lève les yeux pour le remercier, mais elle ne peut parler :
Quasimodo est si laid. Alors, il lui dit :

« Je vous fais peur. Je suis bien laid, n'est-ce pas? Ne me
regardez pas. Écoutez-moi. Le jour, vous resterez ici; la nuit,
vous pouvez vous promener dans toute l'église. Mais ne sortez
ni le jour ni la nuit. Si vous sortez, on vous tuera. Et si on vous
tue, je mourrai. »

Elle lève la tête pour répondre, mais il a disparu.

Esmeralda est profondément malheureuse, profondément
seule. Mais, tout à coup, elle sent entre ses mains une tête poilue :
c'est Djali. La bohémienne couvre sa petite chèvre de baisers.
En même temps, elle commence à pleurer.

Pourtant, elle passe une nuit calme. Quand elle se réveille,
un rayon de soleil pénètre par la lucarne. Mais, en même temps
que le soleil, elle voit le visage de Quasimodo. Elle ferme
involontairement les yeux.

Quasimodo amoureux

Alors, une voix rauque lui dit :

« N'ayez pas peur. Je suis votre ami. Je suis venu vous voir dormir. Cela ne fait pas de mal, n'est-ce pas? Maintenant, je m'en vais. Vous pouvez rouvrir les yeux. »

Esmeralda, touchée, ouvre les yeux.

« Ne partez pas! Venez », dit-elle.

Mais Quasimodo croit qu'elle le chasse. Il s'en va. Alors, elle court vers le bossu et lui prend le bras.

« Revenez », dit-elle. Elle veut le faire entrer dans sa cellule.

« Non, dit-il. Le hibou n'entre pas dans le nid de l'alouette. Vous m'avez dit de revenir, n'est-ce pas?

— Oui, dit la bohémienne.

— Hélas! voyez-vous, je suis sourd. Oui, je suis sourd, en plus du reste. C'est horrible, n'est-ce pas? Vous êtes si belle. Jamais je n'ai vu ma laideur comme maintenant. Quand je me compare à vous, j'ai pitié de moi. Pauvre malheureux monstre que je suis! Vous, vous êtes un rayon de soleil, une goutte de rosée, un chant d'oiseau. Moi, je suis quelque chose d'affreux, ni homme, ni animal. »

Alors, il commence à rire et son rire est déchirant.

« Oui, je suis sourd, mais vous me parlerez par signes. J'ai un maître qui parle avec moi de cette façon. Je comprendrai le mouvement de vos lèvres, votre regard.

— Eh bien, dit-elle, avec un sourire, pourquoi m'avez-vous sauvée? »

Il la regarde attentivement pendant qu'elle parle.

« J'ai compris, dit-il. Vous me demandez pourquoi je vous ai sauvée. Une nuit, un misérable a essayé de vous enlever. Le lendemain, vous avez porté secours à[1] ce misérable au pilori : une goutte d'eau et un peu de pitié. Jamais il n'oubliera. »

Alors, il se lève. Touchée, Esmeralda lui fait signe de rester.

« Non, non, dit-il. Je ne dois pas rester trop longtemps. Je ne suis pas à mon aise quand vous me regardez. C'est par pitié que vous ne fermez pas les yeux. »

Et Quasimodo s'enfuit.

---

1. *vous avez porté secours à* : vous avez aidé

$\mathcal{E}$XERCICES

COMPRÉHENSION

A. Répondez aux questions suivantes.

1. Où Quasimodo a-t-il déposé Esmeralda?
2. Pourquoi pense-t-elle que Phoebus ne l'aime plus?
3. Pourquoi Quasimodo ne répond-il pas aux questions d'Esmeralda?
4. Où Quasimodo a-t-il trouvé le matelas et les provisions?
5. Pourquoi mourra-t-il si on tue Esmeralda?
6. Pourquoi Esmeralda couvre-t-elle Djali de baisers?
7. Pourquoi ferme-t-elle les yeux quand elle voit le visage de Quasimodo à la lucarne?
8. Pourquoi est-il plus conscient de sa laideur devant Esmeralda?
9. Comment Quasimodo et Esmeralda vont-ils communiquer?
10. Pourquoi a-t-il sauvé Esmeralda?

B. Complétez les phrases à l'aide des mots donnés.

1. Les églises avaient ... d'asile.

goutte

2. Une église était un ... d'asile.

pitié

3. Dans l'église, le criminel n'était pas à la ... de la justice humaine.

rauque

poilue

4. Des femmes charitables ont laissé des ... pour Esmeralda à la porte de l'église.

secours

5. Quasimodo a donné son ... matelas à Esmeralda.

merci

droit

6. Esmeralda caresse la tête ... de Djali.
7. Quasimodo a une voix ...
8. Il compare Esmeralda à une ... de rosée.

9. Quasimodo n'a pas oublié qu'Esmeralda lui a porté ...

10. Esmeralda invite Quasimodo dans sa cellule par ...

propre

lieu

vêtements

C. Remplacez l'expression en italique par une expression équivalente tirée du texte.

1. S'il *sortait*, il serait en danger.

2. Esmeralda se *rappelle* que Phoebus ne l'aime plus.

3. Quasimodo la regarde *tristement*.

4. Il *met* le panier *sur le plancher*.

5. Elle *est incapable de* parler.

6. Le matin, un rayon de soleil *entre* dans la cellule.

7. *Je n'ai jamais été conscient de* ma laideur comme maintenant.

8. Une nuit, un *vaurien* a essayé de vous enlever.

9. Vous *avez aidé* ce malfaiteur.

10. Il *se souviendra toujours*.

COMMUNICATION

D. À vous la parole!

Esmeralda n'est pas très sympathique dans ce chapitre. Qu'en pensez-vous?

E. Activité de groupe

Un homme armé poursuivi par la police s'est réfugié dans une maison. Il a pris la famille en ôtage. La police est à l'extérieur. Écrivez le scénario, puis interprétez-le.

PROJET

Relevez, dans ce chapitre, les passages où il est question d'oiseaux. Dressez une liste des oiseaux que vous connaissez. Présentez-la à la classe, si possible avec des illustrations.

CHAPITRE SEIZE
UN VÉRITABLE AMOUR

*D*eux mois ont passé.
Esmeralda est plus calme. Elle
pense moins à Pierrat Torture, à
Jacques Charmolue, à Claude
5 Frollo, mais elle continue à
penser à Phoebus de
Châteaupers.

Elle sait maintenant qu'il
est vivant. Il croit qu'elle est
10 coupable, c'est vrai.
Cependant, si elle peut lui parler une seule fois, il comprendra.
Elle l'a vu avec une jeune fille, mais c'est
peut-être sa sœur. Elle attend donc, elle
15 espère.

Parfois, elle pense aussi à Quasimodo.
Elle essaye de cacher sa répugnance quand il
lui apporte à manger; cependant elle
détourne la tête. Et Quasimodo s'en va
20 tristement.

Une fois, il arrive au moment où elle
caresse Djali.

« Mon malheur, dit-il, c'est que
je ressemble trop à un homme.
25 Pourquoi ne suis-je pas une bête
comme cette chèvre? »

Une des gargouilles de Notre-Dame

Une autre fois, la bohémienne entend Quasimodo parler à une des gargouilles :

« Ah! pourquoi ne suis-je pas de pierre, comme toi! »

Un jour, Esmeralda s'avance jusqu'au bord du toit. Quasimodo est derrière elle; il ne se montre pas. Tout à coup, elle lève les bras et crie :

« Phoebus! Phoebus! Viens! Viens! un seul mot, au nom du ciel! »

Quasimodo voit que l'objet de cette prière est un beau jeune homme, un élégant capitaine. L'officier salue une jolie dame à son balcon; il n'entend pas la malheureuse qui l'appelle.

« Voilà donc comme il faut être! pense le pauvre sourd. Il faut seulement être beau au-dessus. »

Esmeralda continue à crier.

« Oh! maintenant il descend de cheval!... Il va rentrer dans cette maison!... Phoebus! Phoebus!... Il ne m'entend pas ... Phoebus! Phoebus! »

Quasimodo n'entend pas, mais il comprend. Une larme remplit son œil unique. Tout à coup, il tire Esmeralda par la manche.

« Voulez-vous que je l'amène ici? »

Elle pousse un cri de joie.

« Oh! va! allez! cours! vite! ce capitaine! amenez-le-moi! je t'aimerai! »

Et elle se jette à genoux.

« Je vais vous l'amener », dit-il tristement.

Il s'en va, prêt à pleurer.

Quand il arrive devant la maison de Fleur-de-Lys, le capitaine vient d'y entrer. Esmeralda est toujours au bord du toit de la cathédrale. Quasimodo attend le capitaine.

C'est la fête chez Fleur-de-Lys, une de ces fêtes qui précèdent les mariages. Toute la journée, des gens entrent dans la maison; personne n'en sort.

La nuit vient. Des fenêtres s'allument. Quasimodo attend. Même après minuit, les fenêtres restent éclairées. Quasimodo attend toujours. Enfin, vers une heure du matin, les invités commencent à sortir.

Tout à coup, la porte du balcon s'ouvre; un couple s'avance. Quasimodo reconnaît le beau capitaine qu'il voit embrasser la jeune femme. Et il pense que jamais il ne sera aimé, qu'il sera toujours un misérable spectateur des amours des autres. Soudain, la porte du balcon s'ouvre à nouveau. Une vieille dame paraît et les amoureux rentrent vite.

Quelques instants plus tard, le capitaine à cheval passe devant Quasimodo.

« Hé! capitaine! »

Le capitaine s'arrête. Quand il voit l'être difforme qui court vers lui, il s'écrie :

« Que veut ce vaurien?

— Suivez-moi, capitaine; quelqu'un veut vous parler.

— Corne et tonnerre! Quel vilain oiseau! Veux-tu bien lâcher la bride de mon cheval!

— Capitaine, vous ne me demandez pas qui?

— Lâche mon cheval », répond Phoebus, furieux.

Quasimodo ne lâche pas la bride.

« Venez, capitaine. C'est une femme qui vous attend. Une femme qui vous aime.

— Imbécile! dit Phoebus. Suis-je obligé d'aller chez toutes les femmes qui m'aiment? Dis à celle qui t'envoie que je vais me marier.

— Écoutez. Venez, monseigneur. C'est la bohémienne. »

Rappelons que Phoebus n'a pas vu Quasimodo sauver Esmeralda. Il croit qu'elle est morte. Il est superstitieux et s'imagine que le bossu vient de l'enfer.

« La bohémienne! dit-il. Viens-tu de l'autre monde?

— Vite! vite! » dit le sourd qui tire le cheval.

Phoebus donne un coup de botte au malheureux Quasimodo. Celui-ci veut se défendre, mais il s'arrête.

« Oh! que vous êtes heureux! dit-il tristement; quelqu'un vous aime. »

Alors, il lâche la bride et crie :

« Allez-vous-en! »

Il rentre à Notre-Dame et trouve la bohémienne à la même place.

« Seul! s'écrie-t-elle quand elle le voit.

— Je n'ai pas pu le trouver, dit froidement Quasimodo.

— Pourquoi n'as-tu pas attendu toute la nuit? Va-t'en! » ordonne-t-elle.

Depuis ce jour, il l'évite : il la regarde de loin. Miraculeusement, les provisions d'Esmeralda sont renouvelées par une main invisible. Quelquefois, le soir, elle entend une voix rauque qui chante une chanson triste et bizarre :

Ne regarde pas la figure, 5
Jeune fille, regarde le cœur.
Le cœur d'un beau jeune homme est souvent difforme.
Il y a des cœurs où l'amour ne se conserve pas.
Hélas! à quoi bon dire cela?
Ce qui n'est pas beau a tort d'être; 10
La beauté n'aime que la beauté,
Avril tourne le dos à janvier.

Une nuit où elle ne peut pas dormir, Esmeralda entend soupirer près de sa cellule. Elle voit à la lumière de la lune une masse informe couchée devant la porte. C'est Quasimodo qui 15 dort là sur une pierre.

EXERCICES

COMPRÉHENSION

A. Vrai ou faux?

1. Esmeralda croit Phoebus coupable.
2. Elle essaye de ne pas montrer sa répugnance devant Quasimodo.
3. Quasimodo voudrait être une bête ou une gargouille.
4. Quasimodo a une larme dans son œil unique parce qu'il a peur d'aller trouver Phoebus.
5. Pendant que Quasimodo attend Phoebus, Esmeralda reste à l'intérieur de l'église dans sa cellule.
6. La fête chez Fleur-de-Lys dure jusqu'à minuit.
7. La vieille dame accompagne les amoureux au balcon.
8. Phoebus pense que Quasimodo est un messager de l'enfer.
9. Quasimodo envie Phoebus parce que Phoebus est aimé.
10. Quasimodo ment à Esmeralda pour la punir.

B. Remplacez l'expression en italique par une expression signifiant le contraire, tirée du texte.

1. Il croit qu'elle est *innocente*.
2. Elle *cesse de* penser à Phoebus.
3. Elle l'a vu avec une *vieille dame*.
4. Elle veut *montrer* sa répugnance.
5. Il faut être beau *en dedans*.
6. C'est une de ces fêtes qui *suivent* les mariages.
7. Les amoureux *sortent* vite.
8. Que vous êtes *malheureux!*
9. « *Reste!* » dit Esmeralda à Quasimodo.
10. La laideur a *raison* d'être.

C. Relevez, dans le texte, les mots de la même famille que les mots suivants.

1. triste
2. heureux
3. aimer
4. bras
5. entrer

COMMUNICATION

D. À vous la parole!

À votre avis, l'amour de Quasimodo pour Esmeralda est-il le seul véritable amour du roman? Justifiez votre réponse.

E. Activité de groupe

Dans les contes, il est souvent question d'un homme laid amoureux d'une belle jeune fille. Inventez un conte où :

1. un corbeau est amoureux d'un paon,

2. un cochon aime une vache,

3. un lion aime une rate.

PROJET

Quasimodo désire être une gargouille. L'édifice Chrysler à New York est orné de gargouilles. Y a-t-il d'autres immeubles célèbres où figurent des gargouilles? Documentez-vous sur l'origine des gargouilles.

CHAPITRE DIX-SEPT
UN COMPLOT

*C*laude Frollo n'a pas vu Quasimodo sauver Esmeralda. Il la croit morte. Pendant des heures, il a couru dans la ville comme un fou. C'est lui qui est responsable de la mort d'Esmeralda; c'est lui qui a tué la femme qu'il aime. Enfin, épuisé, le juge est rentré chez lui. Petit à petit, il s'est calmé. Esmeralda est morte. Frollo pense que son amour aussi va mourir.

Quelques jours plus tard, il apprend que Quasimodo a sauvé Esmeralda. Avec cette nouvelle, les tourments du malheureux recommencent. Il ne peut tolérer que la jeune fille aime un autre homme. Il est jaloux même de Quasimodo. Il marche souvent autour de Notre-Dame. Une nuit, il a essayé de pénétrer dans la cellule d'Esmeralda, mais Quasimodo, le chien de garde, est toujours là.

Pierre Gringoire aussi pense beaucoup à sa femme, la bohémienne. Il est heureux de la savoir en sécurité dans Notre-Dame et espère la revoir un jour. Parfois, il vient prier devant les saints de pierre.

Un jour, il sent une main sur son épaule. Il se retourne : c'est son ancien maître, Claude Frollo.

Gringoire est stupéfait. Le juge est maigre, pâle; ses cheveux sont blancs. Il a l'air d'un vieillard.

Après quelques remarques sans importance, Claude demande soudain :

« Pierre Gringoire, qu'avez-vous fait de cette petite bohémienne? N'était-elle pas votre femme?

— Oui, au moyen d'une cruche cassée. Pour quatre ans.

Gringoire et son maître Claude Frollo

— Elle vous a sauvé la vie, je crois.

— C'est vrai.

— Où est-elle?

— Je ne sais pas. On me dit qu'elle s'est réfugiée dans Notre-Dame et qu'elle est en sécurité. Je pense beaucoup à elle; j'aimerais tant la revoir. 5

— Je vais vous dire quelque chose. Elle est, en effet, réfugiée dans Notre-Dame. Mais il y a une décision du parlement[1]. Dans trois jours, on viendra la reprendre. Elle sera pendue.

---

1. *parlement* : la cour de justice

— Qui diable a demandé un arrêt du parlement contre cette pauvre fille?

— Il y a des satans dans le monde. Mais réfléchisssons. Elle vous a sauvé la vie, n'est-ce pas?

— C'est vrai. Et maintenant, les truands sont mes bons amis.

— Est-ce que vous voulez faire quelque chose pour elle?

— Mais naturellement. Si on demandait sa grâce au roi?

— À Louis XI, une grâce?

— Pourquoi pas?

— Va prendre son os au tigre[1]! Il faut la sortir de là! Avant trois jours! Pierre, j'ai bien réfléchi. Il n'y a qu'un moyen de la sauver.

— Lequel?

— Écoutez, Pierre. Si vous n'êtes pas mort, c'est grâce à Esmeralda. L'église est surveillée nuit et jour. On laisse entrer tout le monde, mais on ne laisse sortir que les gens qu'on a vus entrer. Vous pouvez donc entrer. J'ai des clefs, et vous amènerai près d'elle. Vous changerez de vêtements avec elle.

— Et puis?

— Et puis, elle sortira avec vos vêtements! On va vous pendre peut-être, mais elle sera sauvée. »

Tout à coup, la figure de Gringoire devient grave.

« Eh bien! Gringoire! que dites-vous de mon idée?

— Je dis, mon maître, qu'on ne me pendra pas *peut-être*, mais qu'on me pendra *indubitablement!*

— Elle vous a sauvé la vie. C'est une dette que vous devez payer.

— Il y en a beaucoup d'autres que je ne paye pas!

— Pierre, il le faut absolument!

— Écoutez, maître, reprend le poète consterné. Je ne veux pas être pendu.

— Quelles raisons avez-vous pour aimer la vie?

— Ah! mille raisons. L'air, le ciel, le matin, le soir, le clair de lune, mes bons amis les truands, trois livres à terminer. Et puis, j'ai le bonheur de passer toutes mes journées avec un homme de génie : Pierre Gringoire!

---

1. Il est aussi difficile d'obtenir une grâce de Louis XI que de voler au tigre sa nourriture.

— Ingrat! reprend le juge. Qui t'a sauvé cette vie que tu aimes tant? Tu veux donc sa mort? Tu veux la mort de cette créature belle, douce, adorable? Et toi, espèce de végétal, tu continues à vivre avec la vie que tu lui as volée. Allons! un peu de pitié, Gringoire! Sois généreux à ton tour! »

Gringoire essuie une larme.

« Eh bien oui! j'y réfléchirai … C'est une drôle d'idée que vous avez là. Après tout, qui sait? Peut-être qu'ils ne me pendront pas … Et puis, s'ils me pendent, la corde est une mort comme une autre … Et puis, qu'est-ce que la mort après tout?

— Donc, c'est décidé, dit Frollo. Vous viendrez demain. » Et il tend la main à Gringoire.

Le geste du juge ramène Gringoire à la réalité.

« Ah non! Être pendu! C'est trop absurde. Je ne veux pas.

— Adieu alors! » crie le juge furieux.

Gringoire ne veut pas blesser Frollo, son ancien maître.

« Mon maître, ne vous fâchez pas! J'ai une inspiration! Je connais un moyen de la sauver.

— Comment?

— Voilà! Les truands sont mes bons amis. Ils aiment Esmeralda. Je vais leur parler. Demain soir, nous enlèverons ma femme.

— Mais comment? »

Gringoire se penche à l'oreille de Claude étonné.

« C'est bon, dit enfin le juge. À demain. » Et il tend la main au poète.

« À demain », répond Gringoire.

ℰXERCICES

COMPRÉHENSION

A. Le passage suivant contient une erreur. Corrigez-la.

Claude Frollo est plus calme parce qu'il pense qu'Esmeralda est morte. Quand il apprend qu'elle est encore en vie, ses tourments recommencent. Il est mortellement jaloux.

Une nuit, il a essayé de pénétrer dans la cellule d'Esmeralda, mais Quasimodo a donné à la jeune femme un chien de garde. Hélas! maintenant, elle n'est plus en sécurité dans Notre-Dame. Le parlement a décidé que, dans trois jours, on viendrait la reprendre.

Un jour, Frollo rencontre Gringoire. Le juge annonce la mauvaise nouvelle au poète. Gringoire a une idée pour sauver Esmeralda : il parlera aux truands. Ensemble, ils enlèveront la jeune femme.

B. Répondez aux questions suivantes.

1. Pourquoi Claude se calme-t-il quand il croit Esmeralda morte?

2. Quel sentiment est le plus violent chez Claude?

3. Pourquoi Claude n'a-t-il pas pu entrer dans la cellule d'Esmeralda?

4. Pourquoi Gringoire est-il stupéfait quand il revoit Claude?

5. À votre avis, qui a provoqué la décision du parlement?

6. « Il y a des satans dans le monde. » À qui Claude pense-t-il quand il prononce ces mots?

7. Selon Claude, quelle sorte d'homme est Louis XI?

8. Pourquoi Pierre n'accepte-t-il pas de prendre la place d'Esmeralda?

9. Pierre Gringoire n'est pas modeste. Qu'est-ce qui le montre?

10. Selon Pierre, qui pourra sauver Esmeralda?

C. Complétez la phrase à l'aide d'un mot tiré du texte.

1. Claude se considère ... de la mort d'Esmeralda.
2. Il est rentré ... parce qu'il a couru dans toute la ville.
3. Il ne peut ... que la jeune fille aime un autre homme.
4. Gringoire est ... parce que son maître a l'air d'un vieil homme.
5. Celui qui a demandé l'arrêt du parlement contre Esmeralda est un ...
6. Gringoire veut demander la ... d'Esmeralda au roi.
7. Le visage de Gringoire devient ... parce qu'il ne veut pas être pendu.
8. Il a une ... à payer à Esmeralda.
9. Gringoire, touché par les paroles de Claude, ... une larme.
10. Claude ... la main à Gringoire.

COMMUNICATION

D. À vous la parole!

La situation est grave; la vie d'Esmeralda est de nouveau en danger. Pourtant, il y a de l'humour dans ce chapitre. Trouvez les passages amusants.

E. Activité de groupe

Il faut sauver Esmeralda

Quelques groupes imaginent un plan pour sauver Esmeralda. Ils présenteront leurs plans à la classe qui les comparera et choisira le meilleur.

PROJET

Décrivez le caractère de Gringoire en vous appuyant sur ce chapitre et sur ce que vous savez déjà de lui.

CHAPITRE DIX-HUIT
À L'ATTAQUE!

*C*e soir, on est joyeux à la Cour des Miracles. Le vin coule à flots. Gringoire a parlé aux truands. Clopin distribue des armes : haches, couteaux, arbalètes, serpes, arquebuses, même quelques rares épées. Ce soir, les truands vont attaquer Notre-Dame.
Sans doute sont-ils heureux d'aller délivrer Esmeralda, mais ils pensent aussi aux trésors de la cathédrale.

Il y a une nouvelle recrue chez les truands : c'est Jehan Frollo. Comme Claude refuse maintenant de lui donner de l'argent, Jehan a décidé de se faire truand. Une jolie truande l'a présenté à Clopin qui l'a accepté dans son royaume. Ce soir, Jehan est particulièrement heureux.

« Je bois, je mange, je suis ivre. Je suis Jupiter », chante-t-il.

Tout à coup, Clopin crie d'une voix de tonnerre :

« Minuit! À vos rangs! »

L'immense multitude se forme en colonne. Clopin crie de nouveau :

« Maintenant, silence pour traverser Paris. Le mot de passe est : *petite flamme*. On allumera les torches à Notre-Dame. »

Alors, l'immense colonne sombre se met en marche.

Cette nuit-là, comme d'habitude, Quasimodo a fermé les portes. Puis, il va voir ses cloches. Il les néglige un peu maintenant. Après, il monte au sommet de la tour septentrionale pour regarder Paris. Mais ce n'est pas le paysage qui intéresse Quasimodo. Depuis quelques jours, il est inquiet, car il voit rôder des hommes sinistres autour de la cathédrale. Ce soir, il n'y a pas de lune et le bossu ne distingue que les masses noires des maisons.

Tout à coup, il a l'impression qu'il voit un fleuve noir qui ondule, parallèle à la Seine. Ce fleuve se dirige vers Notre-Dame. Enfin, Quasimodo voit entrer sur la place une immense foule noire, irréelle. Elle fait l'effet d'une procession de morts.

Alors, le bossu a peur. Il pense qu'on vient saisir la bohémienne. Impossible de sortir de l'église entourée de truands. D'un côté, il y a le fleuve, mais Quasimodo n'a pas de bateau. Il faut résister.

La foule semble grossir à chaque instant. Soudain, une lumière brille, puis des torches s'allument. Quasimodo distingue alors un effrayant troupeau d'hommes et de femmes armés de serpes, de piques, de fourches. Il descend sur la plate-forme entre les deux tours pour organiser sa défense.

Après avoir disposé ses troupes, Clopin monte sur le parapet du parvis et déclare solennellement :

« À Louis de Beaumont, évêque de Paris, moi, Clopin Trouillefou, prince de l'argot, évêque des fous, je crie : Notre sœur, faussement accusée pour magie, s'est réfugiée dans ton église. Or, la cour du parlement veut venir la reprendre. Si tu veux sauver ton église, rends-nous la fille. Sinon, nous reprenons nous-mêmes la fille et pillons ton église. »

Malheureusement, Quasimodo n'entend pas les paroles de Clopin.

Le roi des truands contemple son armée. Après une pause d'un instant, Clopin crie :

« En avant, fils et filles! Au travail! »

Trente hommes s'avancent avec des marteaux, des pinces et des barres de fer. Ils montent les marches devant l'église et se mettent au travail, mais la porte est solide.

« Courage, camarades, crie Clopin. Pensez à notre sœur et aux trésors! »

Soudain, un fracas terrible l'interrompt. Une énorme poutre est tombée du ciel; elle a écrasé une douzaine de truands et brisé des jambes. En un instant, le parvis est vide.

« Satan! s'exclame un des truands; c'est de la magie.

— C'est la lune qui nous jette cette bûche, dit un autre.

— Vous êtes des imbéciles », réplique Clopin, mais il est aussi étonné que ses amis.

Après quelques instants, il trouve une explication plausible.

« Ce sont les prêtres qui se défendent, dit-il. À sac! À sac!

— À sac! » répète la multitude qui tire sur l'église à coups d'arbalètes et d'arquebuses.

Tout ce bruit réveille les habitants des maisons voisines. On ouvre des fenêtres où on voit briller des chandelles.

« Tirez aux fenêtres », crie Clopin.

Immédiatement, les fenêtres se ferment; les chandelles s'éteignent.

« À sac! » répètent les truands. Mais ils ont peur d'approcher. Ils regardent l'église, ils regardent l'énorme poutre. L'édifice garde un air paisible et désert, mais les truands ne bougent pas.

« Barbe et ventre[1]! dit Clopin. Voilà des gens qui ont peur d'une poutre. Au travail!

— Capitaine, dit un truand. Nous n'avons pas peur de la poutre. C'est la porte! Elle résiste. Nous avons besoin d'un bélier. »

Clopin se précipite sur la poutre et met le pied dessus.

« Voilà un bélier, crie-t-il. Ce sont les prêtres qui nous l'envoient. »

Alors, un groupe d'hommes ramassent la poutre comme une plume et la jettent avec force contre la grande porte. La porte résiste, mais tout l'édifice tremble. Au même instant, une pluie de pierres tombe sur les assaillants. Malgré les crânes écrasés à droite et à gauche, les truands continuent leur attaque. La longue poutre continue à battre la porte; les pierres continuent de tomber.

Comment Quasimodo a-t-il trouvé la poutre et les pierres? Les maçons ont passé toute la journée à réparer le toit de la tour méridionale. La charpente est en bois, le mur en pierre, la toiture en plomb. Grâce à sa force extraordinaire, Quasimodo est capable de transporter et de lancer ses munitions, mais malgré ses efforts, il sent que la grande porte commence à céder.

Deux grandes gouttières de pierre se situent au-dessus de la grande porte. L'orifice interne de ces gouttières aboutit à la plate-forme. Alors, Quasimodo a une inspiration. Il court chercher du bois et prépare un bûcher devant les trous des deux gouttières. Puis, il y pose des rouleaux de plomb et met le feu au bois.

Comme les pierres ont cessé de tomber, les truands ne

---

1. *Barbe et ventre!* : autre juron amusant

Une pluie horrible tombe sur les assaillants

regardent plus en l'air. La grande porte tient encore, mais elle
est défoncée. Les bandits pensent à Esmeralda, mais surtout aux
merveilleux trésors à l'intérieur.

Tout à coup, on entend un hurlement épouvantable. Deux
jets de plomb fondu tombent de l'édifice au milieu de la foule où   5
ils font deux trous noirs et fumants. Dans ces trous, on voit des
victimes à demi calcinées. Autour des deux jets principaux, des
gouttes de cette pluie horrible arrosent les assaillants. Elles per-
cent les crânes, elles trouent les corps.

Les blessés poussent des cris de douleur. Les autres s'en-   10
fuient et jettent la poutre sur les cadavres et sur les blessés.

Après quelques instants, les troupes dispersées se regroupent.

« Impossible d'entrer », dit Clopin furieux.

« Voyez-vous ce démon qui passe et repasse devant le feu? »
demande un des truands.   15

— Mais c'est le damné sonneur, c'est Quasimodo! déclare
Clopin. Avez-vous peur d'un bossu? »

EXERCICES

COMPRÉHENSION

A. Vrai ou faux?

1. Les truands ne veulent pas attaquer la cathédrale.

2. Ils pensent uniquement à sauver Esmeralda.

3. Jehan Frollo fait maintenant partie du royaume d'argot.

4. Les truands arrivent devant la cathédrale à minuit.

5. Quasimodo croit que les truands sont les ennemis d'Esmeralda.

6. Clopin lance un ultimatum à l'évêque de Paris.

7. Entre les mains des truands, la poutre devient un bélier.

8. Les pierres qui tombent ne touchent pas les truands, seulement les gens qui habitent près de la cathédrale.

9. Quasimodo a allumé un feu dans la tour septentrionale.

10. Du plomb fondu coule sur les assaillants.

B. Complétez la phrase à l'aide d'un mot tiré du texte.

1. Les truands pensent à Esmeralda et aux ... de la cathédrale.

2. Jehan Frollo est la nouvelle ... de la Cour des Miracles.

3. Quasimodo ... un peu ses cloches maintenant.

4. Il est inquiet parce qu'il voit ... des hommes sinistres autour de la cathédrale.

5. Soudain, il voit un effrayant ... armé devant la cathédrale.

6. La poutre fait un ... terrible.

7. Des ... brillent aux fenêtres.

8. Les truands ont besoin d'un ...

9. Après la poutre, une ... de pierres tombe sur les assaillants.

10. La ... de la cathédrale est en plomb.

C. Trouvez, dans le texte, un ou plusieurs mots dérivés des mots suivants.

     1. nouveau

     2. roi

     3. goutte

     4. douze

     5. toit

COMMUNICATION

D. À vous la parole!

Quasimodo ne manque pas d'intelligence. Justifiez cette affirmation.

E. Activité de groupe

Beaucoup d'armes sont mentionnées dans ce chapitre. Dressez-en deux listes : les armes proprement dites (par exemple : l'épée, l'arquebuse) et les armes de fortune (par exemple : la faux, la serpe). Dressez aussi une liste d'autres armes qui existaient au Moyen Âge.

CHAPITRE DIX-NEUF

L'ATTAQUE
CONTINUE

*C*lopin continue à encourager ses troupes.

« Est-ce qu'il est impossible de forcer cette porte? s'écrie-t-il. Faut-il abandonner notre sœur que les loups pendront demain?

— Et la sacristie où il y a de l'or en masse? ajoute un truand.

5   — Essayons encore une fois, dit Clopin.

— Nous n'entrerons pas par la porte, déclare Andry le Rouge. Il faut trouver autre chose.

— Mais où est donc Jehan Frollo? demande une truande. Il est intelligent, il a de bonnes idées.

10   — Et Pierre Gringoire?

— Capitaine Clopin, il nous a quittés il y a dix minutes.

— Tonnerre! Il nous pousse ici et il nous quitte au milieu du travail. Lâche bâtard!

La galerie des rois

« — Capitaine Clopin, reprend Andry le Rouge, voilà le petit Jehan. »

En effet, Jehan arrive avec une échelle.

« Enfant, dit Clopin, que veux-tu faire de cette échelle?

— Ce que je veux faire de cette échelle, mon roi? Voyez-vous cette rangée de statues au-dessus du grand portail?

— Oui. Eh bien?

— C'est la galerie des rois de France.

— Quelle importance ont ces imbéciles?

— Je connais bien la cathédrale. Au bout de cette galerie, il y a une porte. Avec cette échelle, je monte à la galerie. J'ouvre la porte et je suis dans l'église.

— Enfant, laisse-moi monter le premier.

— Non, camarade. L'échelle est à moi. Vous serez le second.

— Que le diable t'emporte[1]! dit Clopin. Je ne suis après personne!

— Non, capitaine, cherchez une autre échelle. »

En un instant, l'échelle est placée contre la balustrade de la galerie. Il y a un truand sur chaque échelon, mais Jehan est le premier. Enfin, il touche au balcon de la galerie et l'enjambe facilement. Les truands applaudissent. Jehan pousse un cri de joie — qui se transforme en un cri de terreur. Derrière une statue de roi, il a vu Quasimodo.

Le bossu se précipite sur l'échelle. Il saisit les bouts et, avec une force surhumaine, il jette l'échelle et les hommes dans la place.

Les cris de joie sont remplacés par des cris de douleur et de colère. Encore des morts et des blessés. L'armée des truands a perdu beaucoup d'hommes.

5

10

15

20

25

---

1. *Que le diable t'emporte* : Va-t-en au diable!

Jehan est dans une situation périlleuse. Il est seul dans la galerie avec le redoutable sonneur. Il court à la porte qui donne accès à l'église. En vain. La porte qu'il croyait ouverte est fermée. Maintenant, caché derrière un roi de pierre, il n'a pas le courage de respirer.

Tout à coup, Quasimodo aperçoit le malheureux. D'abord, il reste immobile. Jehan prépare vite son arbalète.

« Holà! Quasimodo, je vais changer ton surnom. On va t'appeler l'aveugle », s'écrie-t-il.

Le coup part, mais la flèche se fiche dans le bras gauche du bossu. Quasimodo l'arrache tranquillement de son bras. Il la brise sur son genou, puis il jette les morceaux à terre. Jehan veut tirer une seconde fois, mais il n'en a pas le temps : Quasimodo bondit sur lui.

Cet enfant de seize ans sait qu'il est perdu. Il n'essaye pas de parler au sourd. Au contraire, il lui rit au visage et commence à chanter.

Mais bientôt, on voit Quasimodo debout sur le parapet de la galerie. D'une main, il tient Jehan Frollo par les pieds. Il le fait tourner comme une fronde et le lance dans le vide.

Alors, on entend un cri d'horreur parmi les truands.

« Vengeance! crie Clopin.

— À sac! répond la foule. Assaut! Assaut! »

Un hurlement de fureur monte de la foule. On trouve des échelles, des cordes. C'est une véritable fourmilière qui monte à l'assaut. Les monstres qui attaquent ressemblent aux monstres de pierre de l'église. Les truands hurlent, jurent, montent toujours. Quasimodo, impuissant contre tant d'ennemis, demande un miracle au ciel.

Tout semble perdu. Il ne pense pas à Notre-Dame, il ne pense pas à lui. Il pense à Esmeralda. Il va courir à la cellule, essayer de cacher la bohémienne. Mais tout à coup, il voit arriver sur la place une longue file de cavaliers. Ce sont les archers du roi, avec, à leur tête, le capitaine Phoebus de Châteaupers.

Quasimodo n'entend rien, mais il voit les épées nues, les torches et le fer des piques. Il voit la confusion, la frayeur des truands. Il reprend courage et jette hors de l'église ceux qui enjambaient déjà la galerie.

Les truands se défendent comme ils peuvent. Mais les serpes

et les faux sont impuissantes contre les mousquets et les épées. Il y a des femmes qui se défendent à coups de dents. Armé de sa grande faux, Clopin frappe avec rage. Longtemps, il fauche les pattes des chevaux. Autour de lui, il y a un grand cercle de pattes coupées.

Les truands ne se défendent pas seulement contre l'armée. Les fenêtres des maisons voisines se sont ouvertes. Une pluie de balles tombe sur les malheureux. Malgré leur courage, ils fuient dans toutes les directions. Ils abandonnent dans le parvis un grand nombre de morts et de mourants.

Quasimodo n'a pas cessé de combattre ses alliés et d'aider ainsi les troupes du roi. Quand il voit la fuite des truands, il tombe à genoux pour remercier le ciel. Ivre de joie, il se précipite vers la cellule d'Esmeralda.

Quand il arrive à la cellule, il la trouve vide.

EXERCICES

COMPRÉHENSION

A. Répondez aux questions suivantes.

1. Pourquoi est-il impossible de forcer la porte?

2. Qu'est-ce que Jehan apporte?

3. Qu'est-ce qui montre que Clopin ne respecte pas les rois de France?

4. Qu'est-ce que Jehan va faire de l'échelle?

5. Pourquoi Clopin veut-il monter le premier?

6. Pourquoi le cri de joie de Jehan se transforme-t-il en un cri de terreur?

7. De quelle qualité Jehan fait-il preuve face à Quasimodo?

8. Quelle est la réaction des truands quand Quasimodo lance Jehan dans le vide?

9. Pourquoi les truands se défendent-ils mal contre les archers du roi?

10. Quelle est l'arme de Clopin?

B. Trouvez l'intrus.

1. lâche, imbécile, camarade, truande

2. portail, échelle, tour, galerie

3. galerie, tour, toiture, parvis

4. poète, poignard, arbalète, épée

5. juge, évêque, loup, prêtre

6. aveugle, sourd, borgne, courageux

7. hurlent, montent, jurent, crient

8. serpes, faux, dents, épées

9. pieds, bras, dents, or

10. Clopin, Andry le Rouge, Quasimodo, Jehan

C. Complétez la phrase à l'aide d'une expression tirée du texte.

1. Clopin pense qu'il est possible de … la porte.

2. Au-dessus du grand portail, il y a une … de statues.

3. Clopin veut être … à monter.

4. Le cri de joie de Jehan … en un cri de terreur.

5. L'armée des truands a beaucoup de morts et de …

6. Dans la galerie, une porte donne … à l'église.

7. La … de Jehan se fiche dans le bras de Quasimodo.

8. Quasimodo lance Jehan dans …

9. Les assaillants ressemblent aux … de pierre.

10. Quasimodo aide ses ennemis et combat ses …

COMMUNICATION

D. À vous la parole!

1. La mort de Jehan nous touche parce que …

2. Pierre Gringoire a disparu parce que …

E. Activité de groupe

Vous connaissez maintenant les noms d'autres parties de la cathédrale. Ajoutez ces noms à votre modèle.

CHAPITRE VINGT
L'ENLÈVEMENT

*C*omme nous l'avons vu, Gringoire n'est pas très courageux, mais il a quitté l'armée des truands parce qu'il a rendez-vous : rendez-vous avec son ancien maître, Claude Frollo. Pierre a le mot de passe : *petite flamme*. Grâce à ce mot, Frollo et lui pourront traverser les lignes des truands. Claude Frollo a les clefs de l'église et de la cellule d'Esmeralda.

Dès le début de l'attaque, le bruit a réveillé la bohémienne. Effrayée, elle sort de sa cellule pour voir ce qui se passe. L'aspect irréel de la place, la foule hideuse, les torches, tout lui semble une vision infernale : la jeune fille est superstitieuse. Mais de retour dans sa cellule, elle comprend que les assaillants ne sont pas des démons, mais des humains. Elle ne sait pas qui ils sont, mais elle est sûre qu'ils sont des ennemis.

Tout à coup, elle entend marcher près d'elle. Elle se retourne et pousse un cri. Deux hommes sont là. L'un porte une lanterne.

« N'ayez pas peur; c'est moi, dit un des deux hommes.

— Qui? vous? demande-t-elle.

— Pierre Gringoire. Ah! dit-il tristement, Djali m'a reconnu avant vous. »

En effet, la petite chèvre est tout de suite venue vers le poète. Elle se frotte à ses genoux; il la caresse.

« Qui est là avec vous? demande Esmeralda à voix basse.

— Soyez tranquille. C'est un ami, répond Pierre. Ma chère belle enfant, votre vie est en danger … et celle de Djali. On veut vous reprendre. Nous sommes vos amis. Nous venons vous sauver. Suivez-nous!

— Est-ce vrai? s'écrie-t-elle, bouleversée.

— Oui! très vrai. Venez vite! »

Esmeralda tremble de peur. Pierre la prend par la main; l'homme à la lanterne marche devant. Ils descendent rapidement l'escalier des tours, traversent l'église et entrent dans la cour du cloître. L'homme ouvre une petite porte avec une clef. Les voilà maintenant au bord de l'eau où une barque les attend.

L'homme fait signe à Gringoire et à Esmeralda d'entrer dans la barque. Il coupe les cordes et commence à ramer. Le courant est rapide en cet endroit; il doit ramer avec force.

« Oh! dit Gringoire. Nous voilà sauvés tous les quatre. »

L'enlèvement d'Esmeralda

La barque vogue vers la rive droite. La jeune fille observe l'inconnu avec une terreur secrète. À l'avant du bateau, il ressemble à un spectre. Il ne prononce pas une parole.

« Maître, dit Gringoire, avez-vous vu votre sourd écraser la tête de ce pauvre petit diable? Savez-vous qui c'était? »

L'inconnu ne répond pas, mais il cesse de ramer. Sa tête tombe sur sa poitrine. Il soupire profondément. Esmeralda a déjà entendu ces soupirs-là.

La barque dérive quelques instants, mais bientôt l'homme ressaisit les rames et remonte le fleuve. À la pointe de l'île Notre-Dame, il se dirige vers le débarcadère du port.

Le bruit s'intensifie autour de Notre-Dame. On voit étinceler des casques à toutes les hauteurs, sur les tours, sur les galeries. Des cris arrivent jusqu'aux fugitifs.

L'homme commence à ramer avec furie. Enfin, ils abordent. L'inconnu veut aider Esmeralda à descendre, mais elle le repousse et saute seule à bas du bateau. Gringoire veut descendre à son tour, mais un bras d'une force surhumaine le pousse dans l'eau. Esmeralda veut crier : sa langue est inerte dans sa bouche. Elle sent sur sa main une main froide et forte. L'homme ne dit rien. Il remonte vers la place de Grève. Esmeralda n'a plus de ressort; elle s'abandonne à la destinée.

Sans dire un mot, l'homme en noir entraîne toujours la bohémienne. Elle ne résiste pas. Elle est brisée.

De temps en temps, elle murmure :

« Qui êtes-vous? qui êtes-vous? »

Mais il ne répond pas.

EXERCICES

COMPRÉHENSION

A. Vrai ou faux?

1. Pierre a quitté l'armée des truands parce qu'il n'est pas courageux.
2. Il a le mot de passe : *petite flamme*.
3. Clopin a les clefs de la cellule d'Esmeralda.
4. Esmeralda pense que les assaillants sont des ennemis.
5. Djali a tout de suite reconnu Pierre.
6. Esmeralda ne reconnaît pas l'homme à la lanterne.
7. L'homme rame avec force vers la rive gauche.
8. Quand Gringoire parle de la mort de Jehan, l'homme cesse de ramer.
9. Quand ils abordent, Gringoire aide Esmeralda à descendre.
10. Esmeralda ne résiste pas quand l'homme l'entraîne.

B. Remplacez les expressions en italique par une des expressions données.

1. Dès le *début* de l'attaque, le bruit a réveillé Esmeralda.
2. La foule *hideuse* lui a semblé une vision *infernale*.
3. Elle a compris que les assaillants n'étaient pas des *démons*.
4. *N'ayez pas peur!*
5. La petite chèvre est venue *tout de suite* vers le poète.
6. Esmeralda tremble de *peur*.
7. L'homme à la lanterne *marche devant* Esmeralda et Pierre.

précède

augmente

immédiatement

a l'air de

va

commencement

d'enfer

ne craignez rien

horrible

8. L'inconnu *ressemble* à un spectre. frayeur

9. Il *se dirige* vers le débarcadère. diables

10. Le bruit *s'intensifie* autour de Notre-Dame.

C. Remplacez l'expression en italique par une expression tirée du texte et signifiant le contraire.

1. Il a rendez-vous avec son *nouveau* maître.

2. *À la fin* de l'attaque, elle est sortie.

3. Les torches lui ont semblé une vision *divine*.

4. Elle est sûre que ce sont des *amis*.

5. « Qui est là? » demande-t-elle à *haute voix*.

6. Ils *montent* rapidement l'escalier.

7. Le courant est *lent* à cet endroit.

8. L'inconnu *continue à* ramer.

9. Le bruit *diminue*.

10. Elle sent une main *chaude*.

COMMUNICATION

D. À vous la parole!

Gringoire est-il naïf? Croit-il trop facilement Claude Frollo? Justifiez votre réponse.

E. Activité de groupe

Un groupe jouera « L'enlèvement d'Esmeralda ».

PROJET

La Seine coule à Paris. Quels autres fleuves français connaissez-vous? Notez-les sur une carte de France.

CHAPITRE VINGT ET UN
AU PIED
DU GIBET

Il y a maintenant un peu de lune. Ils arrivent à une place assez grande. C'est la place de Grève. On distingue au milieu une espèce de croix noire. C'est le gibet. Esmeralda sait où elle est.

L'homme s'arrête, se tourne vers elle et baisse son capuchon.

« Oh! murmure-t-elle pétrifiée, je savais bien que c'était 5
encore lui! »

Au clair de lune, le juge a l'air d'un fantôme.

« Écoute, dit-il, écoute. Nous sommes ici. Je vais te parler. Ceci est la Grève. C'est un point extrême.[1] Je vais décider de ta vie; toi, de mon âme. Écoute-moi donc. Je vais te dire ... 10 D'abord, ne me parle pas de ton Phoebus. Vois-tu? si tu prononces ce nom-là, je ne sais pas ce que je ferai, mais ce sera terrible. »

En parlant, il va et vient et la tire après lui. Enfin, il s'arrête, mais ses paroles révèlent la même agitation. 15

« Ne détourne pas la tête ainsi. Écoute-moi. C'est une affaire sérieuse ... D'abord, voici ce qui s'est passé ... Il y a un arrêt du parlement qui te rend au gibet. Je t'ai sauvée ..., mais ils te poursuivent. Regarde! »

Il étend le bras vers la cathédrale. On voit des soldats courir sur 20
le quai opposé. Les clameurs se rapprochent. On entend des cris :

« À mort la bohémienne! À mort! À mort! »

« Tu vois bien qu'ils te poursuivent et que je dis la vérité.

---

1. *C'est un point extrême* : C'est la fin

Moi, je t'aime... N'ouvre pas la bouche si c'est pour me dire que tu me hais ... Je viens te sauver. J'ai tout préparé. C'est ton choix d'être sauvée ou non. »

Frollo court et, en même temps, il oblige Esmeralda à courir. Enfin, il va droit au gibet et le montre du doigt :

« Choisis entre moi et le gibet! »

L' enlèvement d'Esmeralda

La misérable fille se libère de ses mains et tombe au pied du gibet. Elle embrasse ce symbole de mort. Puis, elle tourne sa belle tête et regarde le juge. Il est sans mouvement, le doigt toujours levé vers le gibet. Il ressemble à une statue.

Enfin, Esmeralda lui dit :

« Ce gibet me fait encore moins horreur que vous! »

Il laisse retomber son bras et regarde le pavé.

« Si ces pierres pouvaient parler, elles diraient que je suis un homme bien malheureux … Moi, je vous aime. Vous ne voyez pas ce feu qui brûle dans mon cœur. Hélas! jeune fille, nuit et jour, oui nuit et jour. Est-ce que je ne mérite pas de pitié? C'est une torture … Oh! je souffre trop, ma pauvre enfant! … Je suis digne de compassion, je vous assure. Vous voyez que je vous parle doucement … Enfin, un homme qui aime une femme, ce n'est pas sa faute!… Oh! mon Dieu!… Comment! vous ne me pardonnerez jamais? Vous me haïrez toujours? Vous ne me regardez même pas!… Surtout, ne me parlez pas de l'officier!… Vous êtes bonne, douce, charmante. Hélas! vous êtes méchante seulement pour moi. Oh! quelle fatalité! »

Il cache son visage dans ses mains. La jeune fille l'entend pleurer.

« Ayez pitié de moi, ayez pitié de vous, supplie-t-il. Ne nous condamnez pas tous les deux. Si vous saviez combien je vous aime! Quel cœur c'est que mon cœur! Pour toi, j'ai tout abandonné. Mais il y a quelque chose de plus horrible encore. »

Il est silencieux un moment.

« J'ai élevé, nourri, aimé, idolâtré mon petit frère, Jehan. On vient de lui écraser la tête devant moi, à cause d'une femme, à cause de vous … À cause de vous … À cause de vous … »

Il répète plusieurs fois, de plus en plus bas :

« À cause de vous … À cause de vous … »

Tout à coup, il est aux pieds d'Esmeralda. Il demeure à terre sans mouvement, la tête dans les genoux.

Lorsque la jeune fille essaye de s'écarter, il revient à lui. Il passe la main sur ses joues creuses et regarde avec stupeur ses doigts mouillés.

« Quoi! murmure-t-il, j'ai pleuré? »

Il se tourne vers la bohémienne avec une angoisse inexprimable :

« Hélas! vous m'avez regardé froidement pleurer. Est-ce donc bien vrai? De l'homme qu'on hait, rien ne touche. Si tu me voyais mourir, tu rirais. Oh! moi, je ne veux pas te voir mourir. Un mot! Un seul mot de pardon! Ne me dis pas que tu m'aimes; dis-moi seulement que tu ne me hais pas. Je te sauverai, sinon … Oh! l'heure passe. N'oublie pas que je tiens nos deux destinées dans ma main! Que je suis fou, que cela est terrible! Un mot de bonté! rien qu'un mot! dis un mot! »

Elle ouvre la bouche pour répondre. Il se précipite à genoux devant elle. Elle dit enfin :

« Vous êtes un assassin! »

Il la prend dans ses bras avec fureur. Elle se débat et crie :

5 « Monstre! Je te dis que je suis à mon Phoebus. C'est Phoebus que j'aime. C'est Phoebus qui est beau! Toi, juge, tu es vieux! tu es laid! Va-t'en! »

Il pousse un cri violent :

« Meurs donc! »

10 Il la reprend, il la secoue, la jette à terre et disparaît.

*E*XERCICES

COMPRÉHENSION

A. Répondez aux questions suivantes.

1. À quoi ressemble le gibet?
2. À quel moment de la journée se passent les événements de ce chapitre?
3. À quel moment Esmeralda reconnaît-elle Frollo?
4. Esmeralda sait-elle où elle est?
5. Quel choix a Esmeralda?
6. Comment donne-t-elle sa réponse à Frollo?
7. Quel sentiment Frollo essaye-t-il d'inspirer à Esmeralda par son discours?
8. Pourquoi les doigts de Frollo sont-ils mouillés?
9. Pourquoi ne peut-il entendre Esmeralda prononcer le nom de Phoebus?
10. Pourquoi répète-t-elle trois fois le nom de Phoebus à la fin?

B. Complétez la phrase à l'aide d'une expression tirée du texte.

1. Quand Esmeralda reconnaît Frollo, elle est …

2. Un ... du parlement condamne Esmeralda.

3. On entend les ... de la foule.

4. Claude a tout ... pour sauver Esmeralda.

5. La jeune fille doit faire un ...

6. Pour répondre à la question de Claude, elle ... le gibet.

7. Claude dit que, s'il aime Esmeralda, ce n'est pas sa ...

8. Son amour est une ...

9. Il dit que Jehan est mort ... Esmeralda.

10. Quand il pose la main sur son visage, il a les doigts ...

C. Trouvez, dans le texte, le contraire des expressions en italique.

1. Ils arrivent à une *petite* place.

2. L'homme *relève* son capuchon.

3. C'est *le début*.

4. Ses paroles révèlent *le* même *calme*.

5. Les clameurs *s'éloignent*.

6. C'est un homme *heureux*.

7. Il est *indigne* de pitié.

8. Vous *m'aimerez* toujours.

9. Il parle de plus en plus *fort*.

10. Elle essaye de *se rapprocher*.

COMMUNICATION

D. À vous la parole!

Esmeralda est trop cruelle envers Claude. Quel est votre avis?

PROJET

Il y a dans ce chapitre beaucoup de suspense. Expliquez ce qui crée ce suspense.

CHAPITRE VINGT-DEUX
DAMNATION!

*D*evant la cellule vide, Quasimodo est fou de douleur. Il court partout dans l'église à la recherche de la bohémienne. Il pousse des hurlements étranges. C'est le moment où les archers du roi cherchent aussi Esmeralda. Quasimodo croit les truands
5 les ennemis de la bohémienne. Il guide donc volontiers les soldats, ses vrais ennemis. Même quand les soldats ont renoncé à chercher, Quasimodo court encore partout : il monte dans les tours, il redescend. Enfin, épuisé, il revient à la cellule. Peut-être Esmeralda est-elle de retour. Peut-être dort-elle. Hélas! la
10 cellule est toujours vide. Quasimodo se jette sur le lit, s'y roule, baise la place où la jeune fille a dormi. Puis, insensé, il se relève, frappe sa tête contre les murs. Enfin, il sort de la cellule et s'assied sans mouvement en face de la porte. Parfois, un sanglot sans larmes secoue tout son corps.

15 Dans sa douleur, il se demande qui a enlevé la bohémienne. Tout à coup, il pense à Claude Frollo. Il se rappelle que, seul, Claude Frollo a la clef de la cellule, qu'une nuit, avec l'aide de Quasimodo, il a essayé d'enlever la jeune fille. Contre une autre personne, Quasimodo ressentirait de la haine, de la
20 colère, un désir de vengeance. Mais il a tant de respect, de reconnaissance, de dévouement pour Claude qu'il ressent seulement de la douleur.

Au moment où il pense au juge, il voit, à l'étage supérieur de Notre-Dame, une figure qui marche. Cette figure vient de son
25 côté. Il reconnaît Claude Frollo qui avance d'un pas grave et lent. Il a la tête tournée vers la rive droite de la Seine; il ne voit

pas Quasimodo. Le sourd voit le juge qui se dirige vers l'escalier de la tour septentrionale. Il se lève et le suit.

Au sommet de la tour, dans l'ombre, le bossu s'arrête. Il regarde où est le juge. Une balustrade entoure la plate-forme du clocher. Claude Frollo est appuyé au côté de la balustrade qui donne sur la place de Grève.

Paris, vu des tours de Notre-Dame par un beau matin d'été, est un magnifique spectacle, mais le panorama n'intéresse pas Claude. Il garde les yeux fixés sur un certain lieu, et ce lieu, c'est la place de Grève.

Quasimodo a suivi le regard de Frollo. Il voit aussi ce que Frollo voit. Il voit l'échelle près du gibet, il voit les soldats. Un homme traîne sur le pavé une chose blanche. Cet homme s'arrête au pied du gibet.

Maintenant, l'homme monte à l'échelle. Il porte une jeune fille habillée de blanc sur son épaule. Cette jeune fille a une corde au cou. Quasimodo reconnaît Esmeralda.

Alors, à ce moment, un rire monstrueux, un rire de démon, éclate sur le visage livide du juge. Quasimodo n'entend pas le rire, mais il voit le visage. Fou de rage, le sonneur oublie son respect, sa reconnaissance, son dévouement. Il se jette sur le juge avec fureur. Il le soulève de ses deux grosses mains et le jette dans l'abîme.

« Damnation! » hurle le juge.

Une gouttière l'arrête dans sa chute. Il s'y accroche avec des mains désespérées. Il ouvre la bouche pour pousser un second cri. À ce moment, il voit passer au-dessus de sa tête, la figure de Quasimodo.

Quasimodo peut le sauver facilement. Mais il ne regarde même pas le juge. Il pleure.

Alors, Claude Frollo sait que tout est fini. Épouvanté, il voit le sol à deux cents pieds sous lui. Ses mains saignent. Il entend son manteau craquer. Il voit le tuyau de la gouttière se détacher du mur. Toute lutte est inutile.

Claude Frollo plonge dans l'abîme.

Claude plonge dans l'abîme

EXERCICES

COMPRÉHENSION

A. Vrai ou faux?

1. Quasimodo aide les archers du roi parce qu'ils sont les ennemis de la bohémienne.

2. Quasimodo court partout comme un fou.

3. Il pense que Claude Frollo a enlevé Esmeralda parce que le juge a la clef de la cellule.

4. Quand Quasimodo voit Claude, le juge a les yeux fixés sur le sommet de la tour.

5. Des tours de Notre-Dame, le panorama est magnifique.

6. Place de Grève, un homme traîne une chose blanche sur le pavé.

7. La chose blanche est Esmeralda.

8. Quand il reconnaît Esmeralda, Quasimodo éclate d'un rire monstrueux.

9. Quasimodo jette Claude dans le vide.

10. Claude tombe directement dans l'abîme.

B. Remplacez l'expression en italique par une expression équivalente, tirée du texte.

1. Le sonneur est fou de *chagrin*.

2. Il guide les soldats *avec plaisir*.

3. Il est *très fatigué*.

4. Il reste *immobile* devant la porte.

5. *Soudain*, il pense à Claude Frollo.

6. Le juge va vers l'escalier de la tour *nord*.

7. Il a les yeux fixés sur un certain *endroit*.

8. L'homme s'arrête *en bas* du gibet.

9. Quasimodo *lance* Claude dans l'abîme.

10. À la fin, Claude plonge dans *le vide*.

C. Trouvez, dans le texte, au moins un mot dérivé des suivants.

1. sens

2. lever

3. connaître

4. tour

5. goutte

Composez deux phrases avec deux dérivés de *lever*.

COMMUNICATION

D. À vous la parole!

L'amour a rendu Quasimodo aussi fou que Claude Frollo. Qu'en pensez-vous?

E. Activité de groupe

Débat

Claude Frollo mérite cette mort horrible. Le pour et le contre.

PROJET

Cette scène se déroule comme une séquence de film. Quels sont les éléments du chapitre qui conviennent au cinéma?

CHAPITRE VINGT-TROIS
TOUT EST BIEN
QUI FINIT BIEN

Après le départ de Claude Frollo, Esmeralda s'est relevée et a essayé de fuir, mais hélas! elle n'est pas allée loin. Les archers du roi sont partout et la malheureuse est bientôt leur prisonnière.

Tout à coup, l'espoir revient dans le cœur d'Esmeralda. Elle voit le capitaine des archers, Phoebus de Châteaupers — son Phoebus. De toutes ses forces, elle crie le nom qu'elle a si souvent murmuré, mais Phoebus ne la regarde pas. Son mariage avec la jolie et riche Fleur-de-Lys est pour bientôt. Il désire oublier son aventure avec Esmeralda. Surtout, il ne veut pas que ses hommes se moquent de lui. Leur capitaine amoureux d'une sorcière!

« Phoebus », répète Esmeralda.

Alors, le capitaine détourne la tête. Il s'éloigne du gibet.

Esmeralda comprend enfin : Phoebus ne l'aime plus. Phoebus ne l'a jamais aimée. Il faut qu'elle accepte. Mais alors, pourquoi vivre? Elle va mourir, plus seule, plus malheureuse que jamais. Elle est sans force; elle tombe inerte sur le sol.

Tout est prêt pour sa mort. Heureusement, elle ne sent pas la corde que le bourreau lui met au cou. Toujours évanouie, elle ne peut monter les marches qui mènent au gibet. Elle n'entend pas les cris de « À mort la sorcière! » que hurlent les spectateurs. Le bourreau la met sur son épaule. Au sommet, il arrange le nœud. C'est ce spectacle que Claude Frollo et Quasimodo ont vu de la tour.

Mais ce que Frollo et Quasimodo n'ont pas vu, c'est la fin du spectacle. Au moment où le bourreau arrange le nœud, un cri s'élève :

« Arrêtez! par ordre du roi! »

Un officier à cheval se précipite vers le gibet. Il ordonne au bourreau de dénouer la corde, de libérer Esmeralda.

Que s'est-il passé?

Rappelons-nous Gringoire. La dernière fois que nous l'avons vu, il prenait un bain forcé. C'est l'été, mais même en été, l'eau de la Seine est froide le matin. L'eau froide a cependant son utilité : elle réveille les rêveurs. Gringoire a compris que son ancien maître est un traître, qu'il va peut-être livrer Esmeralda à la justice. Gringoire n'est pas un homme d'action, mais maintenant, la situation est désespérée.

Il y a une dernière ressource, plus forte que le parlement. C'est Louis XI, le roi — « un tigre », a dit Claude Frollo. Louis XI n'aime pas les nobles. Il trouve qu'ils ont trop de pouvoir, qu'ils menacent la suprématie du roi. Mais il aime le petit peuple. De toute façon, si Gringoire veut sauver Esmeralda, il n'a pas le choix : il doit parler au roi.

Justement, Louis XI est au Louvre. Mais comment être admis au palais? Le temps presse.

Pierre est poète. Il va présenter une supplique au roi. Il court chez son ami l'imprimeur. Sans doute n'a-t-il pas le temps de polir son style, mais quand on les flatte, les rois ne sont pas difficiles.

Sa supplique en main, Gringoire se précipite au Louvre. Il n'a pas d'argent pour soudoyer les gardes, mais il invente avec facilité. Il apporte un message urgent au roi — un message au sujet de l'attaque de Notre-Dame. Comme les gardes ne savent pas lire, ils apportent la supplique au roi.

Le roi n'est pas de bonne humeur ce jour-là. On a attaqué la cathédrale et il a une dévotion toute particulière à Notre-Dame. C'est pourquoi il a envoyé ses troupes contre les assaillants.

Mais la supplique est imprimée. Ceci plaît à Louis. L'imprimerie est à ses débuts et Louis l'encourage, car il sait que c'est un moyen d'instruire le peuple. Il accepte donc de recevoir Gringoire.

Le poète se jette aux pieds du roi.

« Oh! grand roi! sauvez ma femme! Sauvez Esmeralda! Elle n'est pas une sorcière. Elle n'a pas tué. Elle est innocente, je le jure.

— Qui es-tu?

— Je suis un poète, Sire, Pierre Gringoire. C'est moi qui ai écrit le mystère qu'on a joué pour la Fête des Fous.

— Ah! c'est toi qui as écrit cette pièce ennuyeuse? Alors, cette sorcière est ta femme.

— Ce n'est pas une sorcière, Majesté, je le jure! Elle danse comme un ange et amuse votre peuple. Mais le temps presse. Elle est entre les mains de la troupe. On va la pendre.

— Ah! elle amuse mon peuple, mais pas les nobles, j'espère. Bon! Olivier[1], faites arrêter l'exécution de la sorcière.

— Sire! s'exclame Pierre.

— Pardon, de la danseuse Esmeralda. Je lui accorde mon pardon. Envoyez immédiatement un message à la place de Grève. »

Maintenant que l'exécution n'a plus lieu, les spectateurs qui criaient : « À mort », applaudissent. Le bourreau dépose le corps toujours inerte d'Esmeralda au pied du gibet. Lorsqu'elle ouvre enfin les yeux, elle voit Gringoire penché sur elle et Djali qui saute de joie.

Au bras du fidèle Gringoire, suivie par Djali et une foule joyeuse, Esmeralda quitte la place de Grève. Le cortège passe devant Notre-Dame. Esmeralda ne lève pas les yeux vers la galerie des rois. Elle ne voit pas Quasimodo qui ne sait s'il est triste ou heureux. Esmeralda est vivante; Esmeralda est saine et sauve, mais jamais elle n'aimera le vilain bossu qui meurt d'amour pour elle.

Il reste une consolation à Quasimodo : ses cloches qu'il a tellement négligées. Elles au moins, elles sont fidèles.

Ce soir-là, le son des cloches de Notre-Dame emplit tout Paris. Quasimodo s'accroche à Marie avec toute la passion du désespoir.

---

1. *Olivier le Daim* : barbier et ministre de Louis XI.
On l'a pendu après la mort du roi.

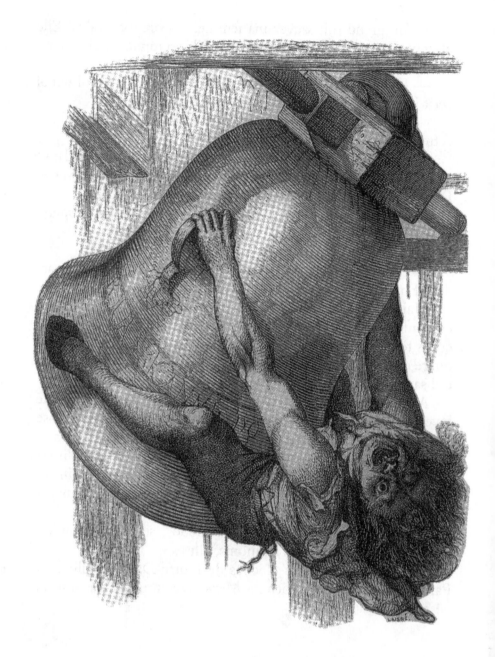

Quasimodo s'accroche à Marie

EXERCICES

COMPRÉHENSION

A. Répondez aux questions suivantes.

1. Pourquoi l'espoir renaît-il dans le cœur d'Esmeralda?

2. Pourquoi Phoebus ne la regarde-t-il pas?

3. Pourquoi Esmeralda ne désire-t-elle plus vivre?

4. Pourquoi ne sent-elle pas la corde que le bourreau lui met au cou?

5. Qui arrête l'exécution?

6. Qui a sauvé Esmeralda?

7. Pourquoi la supplique de Gringoire plaît-elle à Louis XI?

8. Pourquoi Louis XI encourage-t-il l'imprimerie?

9. Le roi a-t-il apprécié le mystère écrit par Gringoire?

10. Qu'est-ce qui console Quasimodo lorsqu'il a perdu Esmeralda?

B. Trouvez l'intrus.

1. archer, capitaine, soldat, troupeau

2. belle, jolie, beau, élégante

3. spectacle, film, théâtre, cloche

4. gibet, Seine, fleuve, eau

5. mystère, pièce, jeune fille, comédie

6. tigre, hibou, cheval, chameau

7. roi, peuple, mort, nobles

8. bourreau, gibet, imprimeur, corde

9. poète, exécution, pendaison, mort

10. supplique, spectateurs, auditoire, public

C. Remplacez l'expression en italique par une expression tirée du texte et signifiant le contraire.

1. Elle a *murmuré* ce nom.
2. Phoebus *se rapproche* du gibet.
3. Il faut qu'elle *refuse*.
4. Il lui ordonne de *nouer* la corde.
5. L'eau est *chaude* en été.
6. Gringoire *dit la vérité*.
7. Le roi n'est pas de *mauvaise* humeur.
8. Elle est *coupable*.
9. Elle danse comme un *diable*.
10. Quasimodo ne sait pas s'il est *triste*.

COMMUNICATION

D. À vous la parole!

Quasimodo mérite d'être puni par la loi parce qu'il a tué. Êtes-vous d'accord ou non avec cette affirmation? Justifiez votre réponse.

E. Activité de groupe

Discussion

Quels sont les qualités et les défauts de ce roman?

PROJET

Décrivez le personnage que vous avez le mieux aimé dans ce roman et expliquez votre préférence.

LEXIQUE

A

abandonner — to leave behind
s'abandonner — to give oneself up (to)
abîme (m) — abyss
aboiement (m) — barking
aborder — to reach
aboutir — to end
accordé(e) — granted
accorder — to grant
accourir — to rush forward
s'accrocher — to hang on, to cling to
adieu — farewell
s'adresser (à) — to speak to, to address
affaire (f) — case, business
affreux, affreuse — ugly, horrible
s'agiter — to fidget
aide (f) — help
à l'aide de — by means of, with
ainsi — so, in that way
air (m) — air, appearance
avoir l'air — to look, to seem
aise (f) — ease
être à son aise — to be comfortable
ajouter — to add
aller — to go
s'en aller — to leave, to go away
va-t'en — go away
allié (m) — ally
allumé(e) — lighted, lit
alouette (f) — lark
âme (f) — soul
amener — to bring, to take
amer, amère — bitter
amitié (f) — friendship
amoureux (m) — admirer
les amoureux — the lovers
amoureux, amoureuse — in love
ancien(ne) — old, former
âne (m) — donkey
angoisse (f) — anxiety

apercevoir — to see
appeler — to call
s'appeler — to be called
appareil (m) — device
apporter — to bring
s'approcher (de) — to go near, to come close
s'appuyer — to lean, to refer to
être appuyé — to lean (against)
arbalète (f) — crossbow
ardemment — enthusiastically
ardeur (f) — enthusiasm
argile (f) — clay
argotier (m) — member of the kingdom of argot
armée (f) — army
arquebuse (f) — arquebus (heavy gun that fires from a support)
arracher — to pull off, to pull out, to tear off, to snatch
arrêt (m) — decision, ruling
arriver — to arrive, to happen
arroser — to spray
asile (m) — sanctuary
droit d'asile — right of sanctuary
aspect (m) — appearance
aspirer à — to long for
assaillant (m) — assailant, attacker
assaut (m) — assault, attack
monter à l'assaut — to storm
assister — to attend, to be at
assourdi(e) — deafened
attentat (m) — murder attempt
attirer — to draw, to attract
aucun(e) — no
au-dedans — inside
au-dessus — above, over
auditoire (m) — audience, public
aussi ... que — as ...as
autoritaire — authoritarian, commanding

autre	other	bête féroce	wild beast
l'un l'autre	one another, each other	bien (m)	possession
		bientôt	soon
autrefois	in the past	pour bientôt	due soon
s'avancer	to go forward, to come forward	bière (f)	beer
		blessé (m)	wounded
avant (m)	front	blesser	to wound, to hurt
en avant	forward	blessure (f)	wound
avare (m/f)	miser	bohème	gypsy
avenir (m)	future	bohémienne (f)	gypsy (girl)
avertir	to warn	boire	to drink
aveu (m)	confession	à boire	something to drink
aveugle (m/f)	blind person	bois (m)	wood
avis (m)	opinion	boiter	to limp
à votre avis	in your opinion	boiteux (m)	lame man
avocat (m)	lawyer	bond (m)	leap
avocat du roi	Crown attorney, prosecutor	se lever d'un bond	to leap up
		bondir	to leap
avouer	to confess	bonheur (m)	happiness, good fortune

B

		bonté (f)	kindness
baguette (f)	stick	bord (m)	edge, bank
baigner		borgne	one-eyed
baigner dans son sang	to lie in one's own blood	bosse (f)	hump
		bossu (m)	hunchback
baiser	to kiss	botte (f)	boot
baisser	to lower	boueux, boueuse	muddy
se baisser	to bend down	bouger	to move
se balancer	to swing	bouleversé(e)	deeply distressed
balbutier	to mumble	bourgeois (m)	middle-class person
balustrade (f)	railing	bourreau (m)	executioner
balustre (f)	baluster	bourse (f)	purse
banc (m)	bench	bout (m)	end
bancal(e)	lame	brancard (m)	stretcher
barbe (f)	beard	bride (f)	bridle
barque (f)	small boat	briller	to shine, to glow
barre (f)	bar	brisé(e)	worn out, overcome
bas(se)	low	briser	to break
à bas	off	se briser	to break
de bas en haut	from bottom to top	brodequin (m)	boot (instrument of torture)
de plus en plus bas	lower and lower		
(tout) bas	in a low voice	bruit (m)	noise
battre	to beat, to hit	brûler	to burn
beauté (f)	beauty	brusquement	abruptly
bêlement (m)	bleating	bruyant(e)	noisy
bêler	to bleat	bûche (f)	log
bélier (m)	battering ram	bûcher (m)	stake, wood fire
bête (f)	beast, animal	but (m)	aim
		buveur (m)	drinker

C

cabaret (m)	tavern
cacher	to hide
cachot (m)	dungeon, cell
cadavre (m)	dead body
calciné(e)	burned
capital(e)	major
capuchon (m)	hood
car	for, because
carré(e)	square
carreau (m)	floor
carton (m)	cardboard
cas (m)	case
en tout cas	in any case
casque (m)	helmet
casser	to break
à cause de	because of
cavalier (m)	horseman
céder	to give way
célibataire (f)	unmarried woman
cellule (f)	cell
celui-ci, celle-ci	this one, the latter
ceux-ci	those, they
cependant	however
cesser	to stop
chacun(e)	each
chair (f)	flesh
chameau (m)	camel
sa poitrine de chameau	his camel-like chest
chandelle (f)	candle
chaque	each, every
se charger	to take charge
charpente (f)	frame
charrette (f)	cart
chasser	to chase away
chauve	bald
chemin (m)	way
chercher	to look for, to search
chercher à	to try to
chevrette (f)	young goat
chœur (m)	chorus
en chœur	all together
chuchoter	to whisper
chute (f)	fall
ciel (m)	sky, heaven
oh ciel!	heavens!
cierge (m)	candle

ciment (m)	cement
cité (f)	city
claquer	
ses dents claquent	his teeth chatter
clef (f)	key
cloche (f)	bell
clocher (m)	steeple
clochette (f)	small bell
cloître (m)	cloister
coin (m)	corner
colère (f)	anger
colonne (f)	column, file
colonnette (f)	small column
combattre	to fight
commerce	
avoir commerce	to have dealings
commettre	to commit
complot (m)	plot
comporter	to contain
de concert avec	together with
condamnée (f)	condemned woman
condamner	to sentence, to condemn
connaissance (f)	knowledge
faire la connaissance (de)	to meet, to become acquainted with
perdre connaissance	to faint
connaître	to know
conscient(e)	conscious
se conserver	to last, to be kept
consterné(e)	dismayed
contempler	to observe
contenir	to hold
contraire (m)	opposite
au contraire	on the contrary
contre	against
convaincre	to convince
convenir	to be suitable
corne (f)	horn
corps (m)	body
cortège (m)	procession
côté (m)	side
à côté de	beside
de son côté	towards him
l'épée au côté	his sword at his side
cou (m)	neck
coucher	to sleep, to lay
être couché	to be lying
couler	to flow
couler à flots	to run like water

coup (m)	knock, shot, blow	déposer	to place, to put
boire un coup	to have a drink	déposition (f)	statement
coup de botte	kick (with a boot)	dériver	to drift
coup de dent	bite	dernier, dernière	last
coup d'épée	wound with a sword	se dérouler	to develop, to unfold
la chèvre frappe	the goat strikes	désespéré(e)	in despair
trois coups	three times	désespoir (m)	despair
coupable	guilty	être au désespoir	to be in despair
cour (f)	court, courtyard	se déshabiller	to get undressed
courageusement	bravely	désolé(e)	distressed
courant (m)	current	dessin (m)	drawing
couronner	to crown	dessus	on top
couvert(e)	covered	destinée (f)	destiny, fate
couvrir	to cover	détacher	to undo, to untie
craindre	to fear	se détacher	to become loose,
crâne (m)	skull		to come off
craquer	to rip	détourner	to turn away
créer	to create	détruire	to destroy
creuser	to hollow out	dette (f)	debt
creux, creuse	hollow	devenir	to become
cri (m)	cry, shout, scream	dévisager	to stare at
pousser un cri	to scream	devoir (m)	duty
crier	to shout, to scream	dévouement (m)	devotion
croix (f)	cross	diable (m)	devil
crosse (f)	bishop's staff	dieu (m)	god
cruche (f)	jug	difforme	misshapen
cuir (m)	leather	digne	worthy
cuisinier (m)	cook	se diriger	to go towards
cul-de-jatte (m)	legless cripple	discours (m)	speech
		disparaître	to disappear
		disposer	to arrange,
			to draw up (troops)
d'ailleurs	besides	dissiper	to dispel
damné (m)	cursed man	dizaine (f)	about ten
débarcadère (m)	landing platform	se documenter	to research a subject
se débattre	to struggle	doigt (m)	finger
décevoir	to disappoint	montrer du doigt	to point
déchirant(e)	heart rending	don (m)	gift
décomposer	to distort	donner	to give
déçu(e)	disappointed	donner sur	look onto
déesse (f)	goddess	doré(e)	gilt
défaut (m)	fault, weakness	dos (m)	back
défoncé(e)	smashed in	dot (f)	dowry
délier	to untie	doucement	gently
délivrer	to free	douceur (f)	sweetness, gentleness
demeurer	to stay, to remain	douleur (f)	pain, grief
dénoncer	to denounce	douloureux,	painful
dénouer	to untie	douloureuse	
se dépêcher	to hurry up	douter	to doubt, to question

doux, douce	gentle	ennuyer	to bore
douzaine (f)	about twelve	ennuyeux, ennuyeuse	boring
drap (m)	cloth	entendre	to hear
se dresser	to stand	bien entendu	of course
droit	straight, directly	entièrement	entirely, completely
		entourer	to surround
		entraîner	to drag
E		envers	to, with
s'écarter	to move away	envie	
échelle (f)	ladder	avoir envie	to want
échelon (m)	rung	environ	about
éclairer	to light up	envoyer	to send
éclater	to burst	épée (f)	sword
éclater de rire	to burst out laughing	époque (f)	time, era
éclopé (m)	cripple	épouser	to marry
écraser	to crush	épouvantable	terrible
s'écrier	to exclaim	épouvanté(e)	appalled
écumer	to boil (with rage)	éprouver	to feel, to experience
édifice (m)	building	épuisé(e)	worn out, exhausted
effet (m)	impression	équilibre (m)	balance
en effet	indeed, in fact	érudition (f)	learning
faire l'effet	to create	escabeau (m)	stool
	the impression	espèce (f)	kind, type
effrayant(e)	frightening	espérer	to hope
effrayé(e)	frightened	espoir (m)	hope
effrayer	to frighten	essayer	to try
église (f)	church	essuyer	to wipe
s'élancer	to rush, to	estrade (f)	platform
	throw oneself	étage (m)	level
élever	to raise, to lift,	s'éteindre	to go out (lights)
	to bring up (a child)	étendre	to stretch out
s'élever	to rise	étinceler	to flash, to shine
élire	to elect	étonnant(e)	surprising
s'éloigner	to go away,	étonné(e)	astonished, amazed
	to move away	étonnement (m)	astonishment, surprise
embrasser	to kiss	être (m)	being
émerveillé(e)	dazzled	être	to be
emmener	to take away	être à	to belong to
empêcher	to prevent	étroit(e)	narrow
emplir	to fill	eux	them
emporter	to carry off	évanoui(e)	unconscious
ému(e)	moved	s'évanouir	to faint
encore une fois	once more	évêque (m)	bishop
endroit (m)	spot, place	éviter	to avoid
enfer (m)	hell	exercer	to practice
s'enfuir	to run away	explication (f)	explanation
enjamber	to stride across		
enlèvement (m)	kidnapping		
enlever	to take off, to snatch,		
	to kidnap		

F

face (f)	face
face à	facing
se fâcher	to get angry
facilement	easily
facilité (f)	ease
façon (f)	way
de toute façon	in any case
faire des façons	to make a fuss
faiblement	weakly, faintly
faire	to make, to do
faire arrêter	to have (someone) arrested
faire une réponse	to give a reply
faites	go ahead
se faire	to become
fait (m)	fact, event, deed, action
fantôme (m)	ghost
faucher	to cut (with a scythe)
faussement	falsely
faute (f)	fault, sin
faux (f)	scythe
faux, fausse	false
fer (m)	iron
fer à cheval (m)	horseshoe
féroce	fierce
feu (m)	fire
feu de joie	bonfire
se ficher	to become embedded
fidèle	faithful
fier, fière	proud
fièrement	proudly
fierté (f)	pride
figure (f)	face, figure
fil (m)	thread
file (f)	line
fillette (f)	young girl
filleule (f)	goddaughter
fils (m)	son
fixement	fixedly
flagellation (f)	flogging
flamboyant(e)	blazing
fleuve (m)	river
flatté(e)	flattered
flèche (f)	arrow
fois (f)	time
à la fois	both, at the same time
folie (f)	madness

follement	madly
fond (m)	bottom
au fond	at the bottom, at the end
fondu(e)	melted
formidable	tremendous
fort(e)	loud, strong
fou (m)	fool, madman
fou, folle	mad
fouet (m)	whip
fouiller	to search
foule (f)	crowd
four (m)	oven
fourche (f)	pitchfork
fourmilière (f)	ants' nest
fracas (m)	noise
frapper	to hit, to strike, to knock
frapper du pied	to stomp one's foot
frayeur (f)	fright, fear
frissonner	to shiver
fronde (f)	slingshot
front (m)	forehead
se frotter (à)	to rub (against)
fuir	to flee
fuite (f)	flight
fumant(e)	smoking

G

gagnant (m)	winner
garder	to keep, to guard
gargouille (f)	gargoyle
gaspiller	to waste, to squander
geler	to freeze
gendarme (m)	soldier
gêné(e)	embarrassed
génie (m)	genius
genou (m)	knee
à genoux	on one's knees
genre (m)	kind, type
gens (m/f pl.)	people
geôlier (m)	jail keeper
geste (m)	gesture, movement
gibet (m)	gallows
glacial(e)	icy
gouttière (f)	drainpipe, gutter
gourde (f)	gourd, flask
goutte (f)	drop

grâce (f)	grace, pardon
grâce!	pity!
grâce à	thanks to
grandir	to grow (up)
grec (m)	Greek
greffier, greffière (m/f)	clerk (of the court)
grelot (m)	small bell
grelotter	to jingle
grimaçant(e)	grimacing, twisted
gronder	to scold, to growl
guérir	to get better, to be cured
guetter	to watch for
gueule (f)	mouth, jaws

H

habillé(e)	dressed
s'habiller	to get dressed
habit (m)	clothes
habit de cérémonie	dress uniform
habitant (m)	inhabitant
habitude (f)	habit
comme d'habitude	as usual
habituel(le)	usual
hache (f)	axe
haïr	to hate
halte-là!	stop!
haut (m)	top, height
de haut	high
hauteur (f)	height
hébreu (m)	Hebrew
heureusement	luckily, fortunately
hibou (m)	owl
hideux, hideuse	hideous looking
holà!	I say!
honteux, honteuse	ashamed
horloge (f)	clock
hors	out of
huissier (m)	usher, bailiff
huit	eight
huit jours	a week
humeur (f)	mood
hurlement (m)	howl
pousser un hurlement	to howl
hurler	to scream

I

idolâtrer	to idolize
île (f)	island
immeuble (m)	building
impressionner	to impress
imprimé(e)	printed
imprimeur (m)	printer
impuissant(e)	powerless
inconnu (m)	unknown man
indécis(e)	undecided, hesitant
indubitablement	indubitably, most certainly
inerte	inert, lifeless
inexprimable	indescribable
informe	shapeless
ingrat(e)	ungrateful
inquiet, inquiète	worried
insensé(e)	demented
insigne (m)	insignia
instruire	to educate
s'intensifier	to intensify, to grow
intéresser	to interest, to draw attention
interne	inside
interpréter	to act, to play
interrogatoire (m)	questioning
interroger	to question
interrompre	to interrupt
introduire	to bring in
inutile	useless
invité (m)	guest
involontairement	unintentionally
irréel(le)	unreal
irrité(e)	annoyed
ivre	drunk

J

jalousie (f)	jealousy
jaloux, jalouse	jealous
jambe (f)	leg
jeter	to throw
se jeter	to throw oneself
joindre (les mains)	to clasp (one's hands)
joue (f)	cheek
journée (f)	day
toute la journée	all day long
jurer	to swear

juron (m)	oath, swearword
jusqu'à	up to, until
justement	precisely, that's it, as it happens

L

lâche	cowardly
lâcher	to release, to let go (of)
là-dessus	on there
laid(e)	ugly
laideur (f)	ugliness
laisser	to let, to allow, to leave
lancer	to throw
langue (f)	tongue, language
lanière (f)	lash
lard (m)	bacon
larme (f)	tear
lendemain (m)	next day, day after
lent(e)	slow
lentement	slowly
lèpre (f)	leprosy
lépreux (m)	leper
lequel	which
lever	to raise, to lift
se lever	to get up
lèvre (f)	lip
libérer	to free
se libérer	to free oneself
libre	free
lier	to tie, to link
lieu (m)	place
avoir lieu	to take place
s'il y a lieu	if necessary
livrer	to hand over
loin	far
de loin	from afar, from a distance
le long de	along
loup (m)	wolf
lourd(e)	heavy
lucarne (f)	skylight
lueur (f)	glimmer, glow
lugubre	morbid
lutte (f)	fight, struggle

M

machinalement	automatically
maçon (m)	stonemason
magie (f)	magic, magic trick(s)
maigre	thin
maître (m)	master, teacher, lawyer's title
maîtresse (f)	mistress
mal	badly
faire mal	to hurt
il n'est pas mal	he is not bad looking
malfaiteur (m)	criminal
malgré	despite
malheur (m)	misfortune
malheureusement	unfortunately
malheureux (m)	unfortunate man,
malheureuse (f)	woman
malheureux,	unhappy, unlucky,
malheureuse	unfortunate
manche (f)	sleeve
manchot (m)	one-armed man
manchot(e)	one-armed
manières (f.pl.)	manners
manteau (m)	coat
marche (f)	step, march
se mettre en marche	to start to move
mare (f)	pool
mari (m)	husband
se marier	to get married
marraine (f)	godmother
marteau (m)	hammer
matelas (m)	mattress
mécaniquement	mechanically
méchamment	nastily
méchant(e)	wicked, nasty
meilleur(e)	better
le, la meilleur(e)	the best
membre (m)	limb
même	same
même	even
quand même	all the same
tout de même	all the same
menaçant(e)	threatening
menacer	to threaten
mendiant (m)	beggar
mendier	to beg
mener	to bring, to take, to lead to
mentir	to lie

mépriser	to despise	mourir	to die
merci (f)	mercy	moyen (m)	means
méridional(e)	southern	au moyen de	by means of
mériter	to deserve	Moyen Âge	Middle Ages
messe (f)	mass	muet(te)	mute
métier (m)	profession, job	mur (m)	wall
mettre	to put, to place,	mystère (m)	mystery, religious play
	to put on		
mettre le pied	to set foot		
mettre le feu	to set on fire		
se mettre au travail	to get to work	**N**	
se mettre en marche	to start moving	naïf, naïve	gullible, naive
se mettre sur la	to stand on tiptoe	né(e)	born
pointe du pied		nef (f)	nave
meurtre (m)	murder	négliger	to neglect
au meurtre!	murder!	nid (m)	nest
meurtrier (m)	murderer	nier	to deny
le mien	mine	noces (f.pl.)	wedding
milieu (m)	middle, environment	nocturne	night, at night
au milieu	in the middle	nœud (m)	knot
mille	a thousand	nombreux,	numerous
miséricorde (f)	mercy	nombreuse	
que Dieu	may God have mercy	nommé(e)	called
ait miséricorde		nous-mêmes	ourselves
misogyne	misogynist, who does	nouvelle (f)	news
	not like women	nu(e)	naked, bare
mode (f)	fashion	nuit (f)	night
à la mode	in style	la nuit	during the night
monde	world		
tout le monde	everybody	**O**	
monseigneur	my Lord		
messeigneurs	my Lords	obliger	to force
montrer	to show	obstination (f)	stubborness
montrer du doigt	to point	s'occuper de	to take care of
se moquer	to joke	œil (m)	eye
se moquer de	to make fun of	ombre (f)	darkness
morceau (m)	piece	onduler	to undulate, to snake
mordre	to bite	onguent (m)	ointment
morte (f)	death	opposé(e)	opposite
à morte	to death	or	now
mort (m)	dead man	or (m)	gold
morte (f)	dead woman	ordonner	to order, to command
mort(e)	dead	ordure (f)	garbage
mortellement	mortally, deadly	s'orienter	to find one's bearings
mot (m)	word	orifice (m)	opening
mot de passe	password	orner	to adorn
mouillé(e)	wet	orphelin (m)	orphan
mourant (m)	dying (man)	os (m)	bone
mousquet (m)	musket	ôtage (m)	hostage
		ôter	to take away

𝒫

paisible	peaceful
palais (m)	palace
Palais de Justice	Law Courts
pâlir	to turn pale
paon (m)	peacock
panier (m)	basket
papauté (f)	papacy
pape (m)	pope
papesse (f)	female pope
parader	to show off, to strut
paraître	to appear
parent (m)	relative
parents (m.pl.)	parents, relatives
parfois	sometimes
parmi	among
parole (f)	word
à vous la parole	you have the floor
partie (f)	part
faire partie	to belong to, to be part of
parvis (m)	square (in front of the church)
passer	to pass, to go through, to spend
se passer	to happen, to take place
patte (f)	leg, paw
patte de devant	front leg
pavé (m)	cobblestones
paysage (m)	landscape
péché (m)	sin
peindre	to paint
penché(e)	leaning
se pencher	to lean
pendaison (f)	hanging
pendant	during, for
pendant que	while
pendre	to hang
penser	to think
perçant(e)	piercing, loud
percer	to pierce
perdre	to lose, to destroy, to ruin
se perdre	to court one's ruin
perdu(e)	doomed, done for
périlleux, périlleuse	dangerous, perilous
personnage (m)	character
peste (f)	plague
peuple (m)	people, nation
le petit peuple	the common people
peur (f)	fear
avoir peur	to be afraid
faire peur	to frighten
phrase (f)	sentence
pièce (f)	play
pied (m)	foot
piège (m)	trap
pierre (f)	stone
piller	to loot
pilori (m)	stocks
pince (m)	tongs
pique (f)	pike (heavy, long spear)
pire	worse
pitié (f)	pity
avoir pitié	to take pity
par pitié	for pity's sake
que Dieu ait pitié	may God have pity
plaie (f)	wound, sore
se plaindre	to complain
plaintif, plaintive	sorrowful
plaire	to appeal, to please
plein(e)	full
pleurer	to weep
plomb (m)	lead
plonger	to plunge, to thrust
plume (f)	feather
plutôt	rather
poche (f)	pocket
poignard (m)	dagger
poignarder	to stab
poignée (f)	handle
poilu(e)	hairy
poing (m)	fist
pointe (f)	point, tip
sur la pointe du pied gauche	on the tip of one's left foot
poitrine (f)	chest
polir	to polish
pont (m)	bridge
portail (m)	portal
portatif, portative	portable
porter	to carry, to bring, to wear
poser	to place, to ask (questions)
posséder	to possess, to have
potence (f)	gallows
poursuivre	to pursue
pourtant	yet

pousser	to push	quelquefois	sometimes
pousser un cri	to scream	quelqu'un	someone
poutre (f)	beam	querelle (f)	quarrel
pouvoir (m)	power	quitter	to leave
précipitamment	hastily, hurriedly	quoi	what
précipiter		à quoi bon?	what is the use?
se précipiter	to rush (forward)		
préféré(e) (m/f)	favorite		
préoccuper			
se préoccuper	to think about,	raconter	to tell
	to worry about	raison (f)	reason, motive
à présent	now	ramasser	to pick up
presque	almost	ramener	to bring back
pressé(e)	in a hurry	ramer	to row
presser	to be urgent	ramper	to crawl
le temps presse	time is short	rang (m)	row
prêt(e)	ready	à vos rangs	fall in
prêtre (m)	priest	rangée (f)	row
prévoir	to foresee	rappeler	to remind, to recall
prier	to pray	se rappeler	to recall, to remember
prière (f)	prayer	se rapprocher	to come closer
faire une prière	to say a prayer	rassasié(e)	satisfied
primo	first	rassuré(e)	reassured
prisonnière (f)	prisoner (female)	rate (f)	female rat
procéder	to proceed	ravi(e)	delighted
procès (m)	lawsuit	rauque	hoarse
procès criminel	criminal trial	rayon (m)	ray
procureur (m) du roi	Crown attorney	rebut (m)	reject
profond(e)	deep	rebut de la société	dregs of society
profondément	deeply	recevoir	to receive, to get
projeter	to project, to cast	se réchauffer	to warm oneself
prononcer	to utter	recherche (f)	search
propre	own	à la recherche (de)	in search (of)
proprement		récolter	to gather, to collect
proprement dit(e)	proper	récompensé(e)	rewarded
protéger	to protect	reconnaissance (f)	gratitude
provisions (f.pl.)	food	reconnaître	to recognize
provoquer	to cause	reconnu	recognized
puisque	since	recrue (f)	recruit
puissance (f)	power	reculer	to draw back
puissant(e)	powerful, mighty	redescendre	to come down again
punir	to punish	redoutable	formidable
		réfléchir	to think
		se réfugier	to take refuge
		rejoindre	to join, to rejoin
quai (m)	embankment	relever	to help up, to find
quelque		se relever	to get up again
quelque chose	something	remarquer	to notice
quelques	some	remplacer	to replace

remplir	to fill	rive (f)	bank
renaître	to be born again, to revive	rôder	to prowl about
		roi (m)	king
rencontrer	to meet, to run into	roman (m)	novel
rendez-vous (m)	date, appointment	rosée (f)	dew
rendre	to give back, to return	roue (f)	wheel
rendre + adj.	to make	rougir	to blush
renoncer	to give up	rouleau (m)	roll
renouveler	to renew	se rouler	to roll
reparaître	to reappear	rouvrir	to open again
réparer	to repair	royaume (m)	kingdom
repas (m)	meal	rude	rough
répliquer	to reply	ruelle (f)	alley-way
repousser	to push back	rugir	to roar
reprendre	to take back, to recover, to repeat	ruisseau (m)	gutter
reprendre ses sens	to come to		
respirer	to breathe	**S**	
resplendissant(e)	resplendent	sablier (m)	hourglass
ressaisir	to take hold again	à sac!	let's ransack the place!
ressentir	to feel	sachet (m)	small bag
se resserrer	to tighten	sacrer	to curse, to swear
ressort (m)	spirit, energy	saigner	to bleed
retenir	to hold back	sain(e)	healthy
retirer	to pull back	saine et sauve (f)	safe and sound
retomber	to fall back, to drop	saisir	to seize, to grab
retour (m)	return	saluer	to greet
de retour	back	sang (m)	blood
se retourner	to turn around	sanglot (m)	sob
retrousser	to curl (a moustache)	sangloter	to sob
retrouver	to see again, to meet up again with	santé (f)	health
		sauvé(e)	saved
réunir	to reunite	sauver	to save
révéler	to reveal, to betray	sauveur (m)	savior
revenir	to come back	savant(e)	learned, performing
il revient à lui	he regains consciousness	savoir	to know (how to), to acquire knowledge
rêver	to dream	n'en savoir rien	not to know
belle à faire rêver	stunningly beautiful	science (f)	knowledge
rêveur (m)	dreamer	sèchement	curtly, drily
rêveur, rêveuse	dreamy	secouer	to shake
ricaner	to sneer	selon	according to
ridé(e)	wrinkled	semblant	
rien (m)	trifle	faire semblant	to pretend
rien	nothing	sembler	to seem, to appear
rien d'autre	nothing else	sens (m)	sense
rire (m)	laughter, laugh	reprendre ses sens	to regain consciousness
rire	to laugh		
en riant	laughing	sensible	sensitive

sentiment (m)	feeling	suivant(e)	following
sentir	to feel	suivre	to follow
septentrional(e)	northern	sujet (m)	subject
serpe (f)	billhook	au sujet de	about
serrer	to squeeze	suppliant(e)	begging
serviteur (m)	servant	supplier	to beg
servir	to serve	supplique (f)	petition
se servir	to use	suprématie (f)	supremacy
seul(e)	only, single, alone, lonely	surhumain(e)	superhuman
		surnom (m)	nickname
sévère	stern	surtout	above all, especially
le sien	his	surveiller	to watch
signifier	to mean	suspendre	to hang
sinon	otherwise	sympathique	likeable
se situer	to be placed		
soin (m)	care		
prendre soin	to take care		

$\mathcal{T}$

sol (m)	ground	taille (f)	waist
soldat (m)	soldier	se taire	to be silent, to be quiet
solennellement	solemnly	tambour (m)	drum
sommet (m)	top	tant	so many, so much
son (m)	sound	tant mieux	so much the better
sonner	to ring	tas (m)	heap
sonnette (f)	bell	tellement	so, so much
sonneur (m)	ringer	témoigner	to testify
sorcellerie (f)	witchcraft	témoin (m)	witness
sorcière (f)	witch	temps (m)	time
sot, sotte	foolish	de temps en temps	from time to time
sottise (f)	foolishness	en même temps	at the same time
soudoyer	to bribe	tendre	to stretch out
souffler	to blow, to puff	tenir	to hold
souffrance (f)	suffering	tentation (f)	temptation
souffrir	to suffer	terminer	to finish, to end
soulagé(e)	relieved	terre (f)	earth, ground
soulever	to lift up	à/par terre	on the ground
soupir (m)	sigh	tirer	to draw, to pull (out)
soupirer	to sigh	tirer (sur)	to shoot (at)
sourcil (m)	eyebrow	tissu (m)	material, fabric
sourd(e) (m/f)	deaf person	toit (m)	roof
sourd(e)	deaf	toiture (f)	roofing
sourire (m)	smile	tolérer	to bear
se soutenir	to hold oneself up	tomber	to fall
souterrain (m)	underground part	en tombant	as he falls
se souvenir	to remember	tombereau (m)	tipcart
spectacle (m)	show, sight	tonneau (m)	barrel
spectatrice (f)	female spectator	tonnerre (m)	thunder
stupéfait(e)	astonished	une voix de tonnerre	a thunderous voice
stupeur (f)	astonishment		
suffire	to suffice, to be enough	tort	

avoir tort	to be wrong	veau (m)	calf
tortionnaire (m)	torturer	souffler comme	
tôt	early	un veau	to be winded
le plus tôt possible	as soon as possible	végétal (m)	vegetable
tour (f)	tower	veille (f)	eve, day before
tour (m)	turn	se venger	to take one's revenge
tournant (m)	bend, turn	venir	to come
toutefois	however	venir de	to have just
traîner	to trail behind	ventre (m)	belly, stomach
tranquille	quiet, calm	vérité (f)	truth
soyez tranquille	don't worry	en vérité	truly, really
se transformer	to change into	verrue (f)	wart
à travers	through	vers	to, towards, around
traverser	to cross, to go through	vêtement (m)	clothing
tremblement (m)	trembling, shaking	veuve (f)	widow
trésor (m)	treasure	vide (m)	space
triomphant(e)	triumphant, victorious	vide	empty
trône (m)	throne	vider	to empty
trou (m)	hole	vie (f)	life
trouer	to make holes, to pierce	vieillard (m)	old man
troupeau (m)	herd	vieille (f)	old woman
trouver	to find, to think	vilain(e)	ugly, nasty
se trouver	to find oneself, to be	vin (m)	wine
truand (m)	crook, gangster	visage (m)	face
tuer	to kill	vivant(e)	alive
tuyau (m)	pipe	vivre	to live, to be alive
		voguer	to drift
		voisin(e)	neighboring

𝓤

(l')un	one	voix (f)	voice
l'un l'autre	each other, one another	voler	to steal
		voleur (m)	thief
unanime	unanimous	volontiers	gladly
unique	single, only	vote (m)	vote
utilité (f)	usefulness	passer aux votes	to vote
		vouloir	to want (to), to wish
		vouloir de	to accept

voix (f) — voice
voler — to steal
voleur (m) — thief
volontiers — gladly
vote (m) — vote
passer aux votes — to vote
vouloir — to want (to), to wish
vouloir de — to accept
vraiment — really
vu — seeing, considering

𝓥

vagabond (m)	tramp
vague	indistinct
vaincre	to vanquish, to conquer
vaincu	conquered
vainement	in vain
valet (m)	assistant
vaniteux, vaniteuse	vain
vaurien (m)	good for nothing, scoundrel

𝓨

y	there
yeux (m.pl.)	eyes
aux yeux	in the eyes

Le Bossu de Notre-Dame

A Timeless Classic of Justice

In *Le Bossu de Notre-Dame* Victor Hugo takes us back to Paris of 1482. The superstitious populace is quick to label the unusual newcomer Esmeralda a witch. Quasimodo (The Hunchback of Notre-Dame), who knows firsthand what it means to be rejected by society, fearlessly fights to save her.

Le Bossu de Notre-Dame will inspire intermediate learners of French with its timeless story line and fascinating characters. Illustrations highlight important moments in the plot, and photos show Notre-Dame's architecture and gargoyles. The story is written in contemporary French, and a full glossary in the back of the book helps learners with new vocabulary.

Each chapter's activities encourage readers to make deductions about content and tone and to develop critical-thinking skills. Additional exercises check comprehension, develop vocabulary and language skills, and provide opportunities to respond to the text both orally and in writing.

Le Bossu de Notre-Dame is an exciting adaptation of the original literary work. As readers discover the noble soul of Quasimodo, they will also develop their reading, writing, and speaking skills in French.

The **McGraw·Hill** Companies

Mc Graw Hill **Glencoe**

RESONANCE

BIBLICAL TEXTS

SPEAKING TO

21ST CENTURY INQUIRERS

"I loved it." —John Shelby Spong

HARRY T. COOK